Доктор Джеймс Добсон

НОВОЕ ИЗДАНИЕ

Не бойтесь быть строгими

БИБЛЕЙСКИЙ ВЗГЛЯД
Санкт-Петербург
2006

James Dobson
THE NEW DARE TO DISCIPLINE
Copyright © 1970, 1992 by James C. Dobson
Published by Tyndale House Publishers, Inc.
Wheaton, Illinois, USA
ISBN 0-8423-0507-6

Russian edition © 2006 Biblical View Publishers
P.O. Box 94, St. Petersburg, 191025, Russia

Добсон Д.
Не бойтесь быть строгими / Пер. с англ. — СПб.: Библейский взгляд, 2006. — 304 с.
ISBN 5-8445-0130-6

© Издание на русском языке. «Библейский взгляд», 2006
Все права защищены международным законодательством об авторских правах.

С любовью посвящаю страницы этой книги и оставшиеся годы моей жизни Данае, Райану и их матери Ширли.

(Написано изначально в 1971 году и вновь подтверждено более двух десятков лет спустя!)

ОГЛАВЛЕНИЕ

Предисловие к новому изданию 7

ГЛАВА 1
Вызов брошен 9

ГЛАВА 2
Здравый смысл и ваш ребенок 17

ГЛАВА 3
Больше здравого смысла в отношении к детям . . . 43

ГЛАВА 4
Вопросы и ответы. 69

ГЛАВА 5
Чудесные средства (часть 1). 95

ГЛАВА 6
Чудесные средства (часть 2). 123

ГЛАВА 7
Дисциплина в обучении 145

ГЛАВА 8
Барьеры в обучении (часть 1). 187

ГЛАВА 9
Барьеры в обучении (часть 2). 215

ГЛАВА 10
Дисциплина в области морали 235

ГЛАВА 11
Слово к мамам. 283

Предисловие к новому изданию

Многие сегодняшние родители выросли, не видя перед собой ролевой модели. У них нет четкого понимания того, что значит быть хорошей матерью или отцом. Одни пострадали от разного рода насилия в детстве, других либо не воспитывали, либо ни в чем не ограничивали. Как теперь им воспитывать своих сыновей и дочерей с пониманием и уверенностью? Разные «эксперты» часто давали неверные, противоречивые или неработающие советы. Куда можно обратиться современному поколению родителей за надежным и разумным руководством в деле воспитания детей?

Доктор Джеймс Добсон в книге «Не бойтесь быть строгими» предоставил нам исключительно практичный и убедительный источник информации для современных отцов и матерей. Это пересмотренное и дополненное издание прежней, ставшей классической работы, которая более двух десятков лет назад помогла миллионам родителей выполнить это трудное дело. В этой новой книге доктор Добсон предлагает не только советы по воспитанию мальчиков и девочек. Он подготовил игровой план, целую философию по воспитанию подрастающего поколения. Эта философия поможет родителям *понять* своих детей и научиться справляться с постоянными задачами и проблемами по мере их возникновения.

Подход доктора Добсона к воспитанию детей стоит на твердом основании традиционной иудео-христианской системы ценностей, возникшей две и более тысяч лет назад. Попросту говоря, здоровые и счастливые дети, как правило, вырастают в семьях, где родители нашли золотую середину между любовью и контролем. Но если баланс нарушается в одну или другую сторону, то в жизни детей, судьбы которых вверены в наши руки, возникают проблемы.

Как говорит Добсон: «Когда ребенок спрашивает, кто отвечает за ту или иную ситуацию, ответьте ему. Когда он спрашивает, кто любит его, обнимите его и окружите любовью и вниманием. Проявляйте к нему уважение и ждите к себе такого же отношения. И тогда вы начнете радоваться сладким плодам компетентного исполнения родительского долга».

ГЛАВА 1

Вызов брошен

Эта книга о детях и о тех, кто их любит. Первое издание было написано в начале 1970-х годов, когда я был профессором педиатрии медицинского факультета в университете Южной Калифорнии. Наши собственные дети были тогда дошкольниками, и я рисковал, раздавая советы по воспитанию детей. Я был похож на тренера, рассказывающего до начала игры о том, как он намерен выиграть матч. Тем не менее в своей работе я уже видел достаточно много, чтобы развить твердые убеждения относительно того, как следует воспитывать детей и что им нужно от родителей.

С тех пор прошло более двадцати лет, и за это время было издано более двух миллионов экземпляров книги «Не бойтесь быть строгими». Это время расширило мои горизонты и, надеюсь, мое видение. Я работал с тысячами семей и исследовал позиции многих авторитетов и своих коллег по работе. Мои дети вышли из подросткового периода и создали свои семьи. Таким образом, я считаю особой привилегией вернуть время вспять и снова обратиться к темам, которые я развивал в своей книге много лет назад.

Можно было бы предположить, что за прошедшие годы мои взгляды на воспитание детей и родительские обязанности во многом изменились. Однако это не так. Следует признать, что положение в мире со времени написания первой версии «Не бойтесь быть строгими» изменилось кардинально, и именно поэтому возникла необходимость пересмотреть и дополнить эту книгу. Студенческая революция, которая пришлась на конец шестидесятых и начало семидесятых, утихла. Вудсток и вьетнамская война стали далеким прошлым, а студенческие городки снова успокоились и уже не бунтуют. Но дети не изменились и никогда не изменятся. Более того, теперь я уверен, что принципы родительского воспитания остаются неизменными и вечными понятиями, ибо они исходят от Творца семьи. Вдохновенные концепции из Писания передавались из поколения в поколение, и в двадцать первом веке они действуют так же эффективно, как действовали для наших предков. К сожалению, многие сегодняшние родители никогда не слышали о тех почитавшихся веками идеях и потому не догадываются, как выполнить задачу, стоящую перед ними дома.

Мне никогда не забыть маму, испытывающую подобную проблему, которая попросила меня помочь справиться с непослушной дочерью Сэнди, которой было всего три года. Она понимала, что ее маленькая девочка неизменно выигрывала в противоборстве воли, и ребенок стал ее тираном и диктатором. Вечером накануне нашего с ней разговора произошел случай, который можно назвать типичным поведением для этой девочки. Мать (назовем ее миссис Николс) днем уложила дочь спать, но знала, что девочка вряд ли останется лежать в постели. Сэнди не привыкла делать то, что ей не нравится, а дневной сон не входил в ее обычные предпочтения.

Однако в тот раз девочке в большей степени хотелось мучить мать, а не просто настаивать на своем. Сэнди стала кричать. Она кричала достаточно громко, так что ее слышали все соседи, и это особенно действовало на истрепанные нервы миссис Николс. Во время этой истерики девочка требовала от матери различные вещи, включая стакан воды.

Сначала миссис Николс отказывалась выполнять ее требования, но затем отступила, потому что крик Сэнди стал невыносимым. Когда она принесла стакан воды, непослушная девочка отшвырнула его в сторону, отказавшись пить, потому что мать не принесла его достаточно скоро. Миссис Николс несколько минут стояла, предлагая ребенку воду, затем объявила, что унесет стакан на кухню на счет пять, если Сэнди не захочет его выпить.

Сэнди стиснула челюсти и ждала, пока мать досчитает до пяти, после чего женщина со стаканом в руке направилась к выходу из комнаты. В этот момент девочка с криком потребовала воды. Сэнди гоняла свою измученную мать взад и вперед до изнеможения.

Миссис Николс со своей маленькой дочерью относятся ко многим жертвам неработающей и нелогичной философии управления детьми, которая долгое время пропагандировалась в литературе, посвященной этой теме. Эта мать читала, что ребенок когда-нибудь начнет действовать разумно и отреагирует на проявленное терпение, поэтому нет никакой необходимости в твердом руководстве детьми. Ей говорили, что ребенку нужно предоставить право на непослушание, потому что таким образом высвобождается врожденная враждебность. Она попыталась внедрить в свою жизнь рекомендации экспертов, которые предлагали выразить словами чувства ребенка в момент конфликта: «Ты хочешь пить, но сердишься, потому что я принесла воду слишком поздно…», «ты не хочешь, чтобы я унесла воду обратно на кухню…», «ты не любишь меня, потому что я укладываю тебя спать». Ее также учили тому, что конфликты между родителями и детьми следует воспринимать как следствие отсутствия понимания или различия во взглядах.

К сожалению, миссис Николс и ее советчики оказались неправы! Дело было не просто в разных взглядах на происходящее, но в том, что ребенок бросал вызов, насмехался и не повиновался матери. Никакие сердечные разговоры не смогут разрешить такую конфронтацию, потому что сама проблема никак не связана ни с водой, ни с дневным сном или с другими обстоятельствами. Истинный смысл всего конфликта и сотен подобных ему заключался в следующем: Сэнди нагло отрицала авторитет своей матери. Методы, при помощи которых миссис Николс пыталась разрешить возникшую конфронтацию, определяли природу их будущих отношений, особенно в подростковые годы.

Много было написано работ по поводу жестокого, подавляющего личность детей воспитания, в котором отсутствует любовь. Эти предупреждения актуальны, и к ним следует прислушаться. Однако последствия авторитарного воспитания приводились в качестве оправдания в случае отказа подчиниться авторитету. Но это глупо. Бывают случаи, когда упрямый ребенок сжимает свои маленькие кулачки и пытается бросить родителям вызов. Он движим не чувством отчаяния или внутренней враждебности, как часто предполагают. Он просто хочет выяснить, где находятся границы дозволенного и кто стоит на страже этих границ.

Многие специалисты с самыми добрыми намерениями размахивали знаменем терпимости, но предложить решения непослушанию они не сумели. Они подчеркивали важность понимания родителями ребенка, и я вполне с этим соглашаюсь. Но нам нужно научить детей тому, что им тоже нужно знать кое-что о своих родителях.

Миссис Николс и все ее современники должны знать, как устанавливать пределы разумных ограничений и что делать в случае явного непослушания. Дисциплинарные меры должны предприниматься с любовью и пониманием, а это бывает трудно для родителей, которые считают подобные роли противоречивыми. «Не бойтесь быть строгими» затрагивает отчасти этот жизненно важный аспект воспитания здоровых, почтительных и счастливых детей.

Термин «дисциплина» не ограничивается контекстом конфронтации, как и вся эта книга. Детям также нужно научиться *самодисциплине* и ответственному поведению. Им нужно помочь, их нужно научить, как справиться с задачами и обязанностями в жизни. Они должны овладеть искусством самоконтроля. Их следует оснастить силой, которая необходима для того, чтобы справиться с требованиями, которые возлагает на них школа, сверстники, а позже и взрослая жизнь.

Есть люди, которые считают, что этими качествами овладеть невозможно и что мы поступим лучше всего, если отправим детей по пути наименьшего противления, устраняя в годы формирования их характера все встречающиеся препятствия. Сторонники такой философии невмешательства советуют позволять детям не пытаться добиваться успехов в школе, если они не хотят учиться, или не приводить в порядок свои комнаты и не кормить взятых ими щенков.

Я отвергаю подобную позицию. Существует достаточно свидетельств в пользу моей правоты. Дети лучше всего развиваются в атмосфере истинной любви, граничащей с разумной и последовательной дисциплиной. В наше время расцвета наркомании, безнравственности, болезней, передаваемых половым путем, вандализма и насилия нельзя надеяться на удачу и случай в деле формирования в наших детях твердых принципов, которые мы ценим. Вседозволенность не просто не работает в качестве подхода к воспитанию детей. Она вызвала катастрофические последствия для тех, кто попробовал ее на практике.

При правильном применении дисциплина с любовью действенна и эффективна! Она стимулирует нежную привязанность, которая становится возможной в случае наличия *взаимного* уважения между родителем и ребенком. Она становится мостиком через пропасть, которая иначе разделила бы членов семьи, которые призваны любить и доверять друг другу. Она дает возможность нашим дорогим детям познать Бога наших предков. Она позволяет учителям выполнять в классах ту работу, к которой они призваны. Она вдохновляет ребенка уважать других людей и жить как ответственный гражданин и созидатель.

Как и следует ожидать, на всех этих выгодах имеется ярлык с ценой. Для их получения нам понадобится смелость, настойчивость, убежденность, старание и энтузиазм в достижении поставленных целей. Короче говоря, человеку следует *отважиться* на *воспитание* в условиях бесконечной любви. В последующих главах мы с вами обсудим методы, при помощи которых можно этого достичь.

ГЛАВА 2

Здравый смысл и ваш ребенок

За последние семьдесят лет методы и философия воспитания были предметом жарких дискуссий и споров. Психологи и педиатры вместе с профессорами университетов вступили в эту полемику, объясняя родителям, как правильно воспитывать детей. К несчастью, многие из «экспертов» находились в прямом противоречии друг с другом, распространяя в области этого предмета исключительной важности больше огня, чем света.

Может, поэтому этот маятник лихорадочно швыряло от жесткого и подавляющего контроля к расплывчатой вседозволенности, которую мы могли наблюдать в середине двадцатого столетия. Тогда мы поняли, что обе *крайности* оставляют на жизни каждой молодой жертвы грубые шрамы, и мне невероятно трудно определить, какая из них причиняет больше вреда.

В подавляющей крайности такой окружающей среды ребенок страдает от унижения, свойственного политике тотального доминирования. Атмосфера в этом случае ледяная и несгибаемая, и маленький человек живет в постоянном страхе. Он не способен принять собственные решения, а его личность раздавлена тяжелым башмаком родительского авторитета. В результате постоянного доминирования возникают длительные виды зависимости, глубокое и постоянное чувство гнева и даже психоз.

Особую озабоченность вызывают мальчики и девочки, подвергшиеся физическому и эмоциональному насилию. Существуют миллионы семей, в которых день за днем совершаются эти немыслимые преступления. Трудно поверить в то, насколько жестокими могут быть некоторые отцы и матери к беззащитным детям с широко распахнутыми глазами, которые не понимают, за что их так ненавидят. Невозможно забыть случаи, с которыми мне пришлось разбираться за многие годы, ибо в них фигурируют нелюбимые и обиженные дети. Помню одного ужасного отца, который постоянно закутывал голову своего маленького сына в простыню, в которую сын в предыдущую ночь обмочился. После этого малыша обмакивали головой в унитаз для наказания. Я также вспоминаю одну мать, которая бритвой вырезала глаза своему ребенку. Бедная девочка обречена на пожизненную слепоту с сознанием того, что ее собственная мать лишила ее зрения! Эти и подобные им ужасающие акты происходят каждый день в городах и селах рядом с нами.

Нам также следует знать, что существует множество других способов унизить и оскорбить ребенка, в то же время не нарушая закон. Это можно сделать исподволь, игнорируя потребность ребенка в заботе. Это можно сделать посредством несправедливого или нечестного наказания, включая такие виды телесного наказания, как постоянные удары, пинки, щипки и швыряние ребенка на пол. Есть целый спектр унизительного поведения со стороны отца или матери, в результате которого ребенок или подросток почувствует себя тупым, неадекватным или нелюбимым. В определенных границах подобного рода поведение нельзя назвать противозаконным. Нет никого, кто мог бы спасти несчастного ребенка от боли и ран, наносимых взрослыми людьми, окружающими его. Пусть *ничто* в этой книге не позволит вам увидеть мое одобрение такого рода поведения.

Позвольте мне сказать и подчеркнуть еще раз, что агрессивное и жесткое воспитание разрушительно для детей, а значит, недопустимо. Родители, которые ведут себя с детьми холодно и неумолимо, часто выпускают их во взрослую жизнь надломленными и изуродованными. По данному вопросу меня легко понять превратно, потому что в четвертой главе этой книги при определенных обстоятельствах и в определенных границах я рекомендую применение беспристрастного телесного наказания. Но я хочу, чтобы все неясности были устранены немедленно. *Я считаю родительскую суровость недопустимой.* Точка! Дети невероятно чувствительны к отвержению, насмешкам, критике и гневу дома, и поэтому заслуживают воспитания с чувством безопасности, принятия и тепла.

Нам следует признать, как уже упоминалось выше, что другая крайность также вредна для детей. При отсутствии руководства со стороны взрослых людей ребенок с раннего детства предоставлен самому себе. Он думает, что мир вращается только вокруг него, и часто выражает по отношению к ближайшему окружению презрение и неуважение. В его доме царит анархия и хаос, а его мать — это часто самая нервная и отчаявшаяся женщина во всем квартале. Пока ребенок маленький, бедная мать привязана к дому, потому что боится вывести куда-нибудь своего шипящего раздражением и злобой ребенка. Все ее мучения и жертвы были бы оправданы, если бы в результате вырос здоровый и спокойный ребенок. Однако этого не произойдет.

Многие авторы, писавшие в последние годы на эту тему, привели в замешательство родителей, лишив их возможности осуществлять руководство в собственном доме. Они не смогли признать стремление большей части детей попробовать самим управлять собственной жизнью и вступить с родителями и другими взрослыми в противоборство воли, которое часто происходит во взаимоотношениях между поколениями.

В моей книге «Упрямый ребенок» я привел цитату из книги для родителей, озаглавленной «Ваш ребенок от двух до пяти», опубликованной во 50-е годы, когда процветала вседозволенность. Там содержался несколько видоизмененный совет, взятый из сочинений доктора Лютера Вудворта:

> Что делать, если ваш ребенок дошкольного возраста называет вас «вонючкой и занудой» и обещает окунуть в унитаз? Ругаетесь ли вы... наказываете ли... или благоразумно перешагиваете через этот инцидент? Доктор Вудворт рекомендует позитивную политику понимания в качестве наилучшего и самого эффективного способа помочь ребенку преодолеть период вербального насилия. Когда родители вполне осознают, что их маленькие дети тоже временами могут испытывать гнев и вести себя агрессивно, они смогут свести к минимуму эти вспышки агрессии. Когда дошкольник избавится от своей враждебности, желание крушить все на своем пути тоже исчезнет, и в нем смогут возникнуть и окрепнуть инстинктивные чувства любви и привязанности. Когда ребенку исполнится шесть или семь лет, родители дадут ему понять, что они ожидают от него прекращения дерзкого к себе отношения.

Предложив такой мудрый совет, с которым я категорически не согласен, доктор Вудворт затем рекомендует родителям не допускать несправедливой критики. Он пишет: «Но эта политика (дозволение неповиновения) предполагает широту мышления и твердое самообладание, особенно когда друзья и родственники не одобряют подобное поведение родителей и предупреждают о недопустимости подобного воспитания».

В этом случае ваши друзья и родственники, вероятно, будут правы. Рекомендации доктора Вудворта подобны советам, которые раздавались родителям в середине двадцатого века. Согласно им родители должны были пассивно пережить годы формирования своих чад, хотя именно в это время так легко научить ребенка уважать авторитет родителей и других взрослых людей. В «Упрямом ребенке» я ответил на подобные советы следующим образом:

> Предложение доктора Вудворта основано на упрощенном понимании того, что дети со временем развивают любящее отношение и привязанность, если мы как взрослые разрешим им приступы гнева в детские годы. По словам оптимиста доктора Вудворта маленький ребенок, называющий свою мать «вонючкой и занудой» в течение шести или семи лет, вдруг начнет ее любить и уважать ее достоинство. Такой результат сомнителен. Творческая «политика понимания» доктора Вудворта (означающая по сути пассивное ничегонеделание) обеспечивает чаще всего билет в один конец с прибытием к мятежной молодости.

Моя позиция такова: если вы хотите, чтобы дети были добрыми и приятными в обхождении, этим качествам их нужно учить, а не надеяться на их спонтанное возникновение. Если вы хотите видеть честность, надежность и бескорыстие в своем отпрыске, тогда эти характеристики должны стать осознанной целью в процессе раннего воспитания. Если вам важно получить уважительного и чуткого молодого гражданина, тогда следует формировать его соответствующим образом. Итак, суть очевидна: *наследственность не* гарантирует правильного отношения у ребенка: *дети учатся тому, чему их учат*. Нельзя предполагать, что желаемое поведение чудесным образом возникнет, если мы не выполнили прежде данное домашнее задание.

Те советы, которые доктор Вудворт и другие раздают родителям в течение многих лет, привели к определенному параличу во взаимоотношениях с детьми. В случае отсутствия «разрешения» взять на себя руководство детьми родители остаются с чувством возмущения и отчаяния, которое они неизменно испытывают, видя плохое поведение своих детей.

В связи с этим я вспомнил семью с четырьмя самыми непослушными детьми из всех, которых я встречал в своей жизни. Эти ребята наводили ужас на всех соседей. Они были неуважительными, шумными и агрессивными. Они вламывались в чужие гаражи, крали инструменты и любые понравившиеся им вещи. Соседи были вынуждены снимать ручки с кранов на территории своих дворов, потому что ребятам нравилось оставлять воду включенной именно тогда, когда хозяева были на работе.

Было интересно наблюдать за методом воспитания, который применяла их мать хотя бы потому, что он стал наглядным подтверждением своей абсолютной неработоспособности. Ее система контроля за детьми сводилась к простой формуле. Когда они становились слишком шумными или вздорными, она появлялась на пороге своего дома с периодичностью примерно в час и кричала: «Вы меня достали, ребята! Вы меня просто достали!» Затем она поворачивалась и исчезала за дверью. Дети даже не смотрели на нее. Даже если они слышали, что она появилась поблизости, они не поворачивали головы, чтобы посмотреть на нее. По-видимому, она считала, что время от времени обязана появиться на пороге своего дома, как кукушка из часов, чтобы напомнить детям, что она существует и помнит свой родительский долг. Однако есть и более эффективный способ справиться с потрясающей родительской обязанностью, которую Бог предназначил нам выполнить.

Если вредны обе крайности, как нам обрести безопасность и найти золотую середину? Конечно, существует логичная и разумная философия воспитания детей, которая позволит регулировать ежедневное взаимодействие в семье и доме. Неужели социологи так и не сумели придумать более действенные правила игры? Возможно, эти слова покажутся ересью, исходящей из уст человека, который провел десять лет в медицинских исследованиях поведенческого аспекта, но я не считаю науку лучшим источником информации в области наиболее эффективной методики родительского воспитания. Тема взаимоотношений между родителями и детьми имеет исключительно сложную и тонкую природу. Единственный способ научного исследования состоит в сведении этих взаимоотношений к простейшим общим знаменателям для того, чтобы их можно было объяснить. Но тогда мы упустим масштабность и суть этого понятия. Некоторые вещи в жизни настолько сложны, что они практически недоступны тщательному изучению, и родительское воспитание (на мой взгляд) является одной из таких тем.

Самый лучший источник руководства для родителей можно найти в мудрости иудео-христианской этики, которая произошла от Творца и затем со времен Христа передавалась из поколения в поколение. Так почти интуитивно понимали процесс воспитания моя мама, бабушка, прабабушка. Так в западной культуре передавалось общее знание о детях и их нуждах. Не каждый применял их, но большая часть людей соглашалась с этими принципами. Когда сто лет назад рождался ребенок, тети, сестры и бабушки приходили к молодой матери, чтобы научить ее заботиться о младенце. Таким образом они передавали ей мудрость веков, наследие для следующего поколения, которое позже должно было сослужить ту же службу следующему поколению вновь прибывших на этот свет людей. Эта система работала достаточно хорошо примерно до 1920-х годов. Но постепенно в культуре того времени стали теряться ориентиры и уверенность в этой традиции, а бразды правления были переданы так называемым экспертам. Бихевиорист Дж. Б. Уотсон был одним из первых и самых влиятельных гуру в этой области. Он предложил то, что он назвал методом «надежного» воспитания детей, то есть метод, защищенный от неправильного применения, и матери доверчиво клюнули на его систему. «Если они последуют моему совету, — сказал он, — то смогут вылепить из своего ребенка любого человека, какого только пожелают... врача, юриста, художника, коммерсанта и, да, даже нищего и вора».

Уотсон советовал родителям для достижения наилучших результатов не проявлять любви к своим детям. Он писал:

Никогда не обнимайте и не целуйте их, и не позволяйте сидеть на коленях. Если уж абсолютно не можете устоять, поцелуйте в лоб на ночь. Пожимайте им руки по утрам...

Когда у вас возникает желание приласкать ребенка, помните, что материнская любовь — опасный инструмент. Этот инструмент может нанести ребенку никогда не заживающую рану, которая превратит детство в несчастье, а подростковые годы в ночной кошмар. Этот инструмент разрушит будущее вашего сына или дочери и их шансы на счастливый брак.

Этот совет доктора Уотсона сегодня звучит несусветной чушью, каковой он в действительности и является. Собственно, трудно представить, что кто-то мог поверить в подобные рекомендации даже в 1928 году. Однако доктор Уотсон поразительно популярен даже сегодня, а его книги распродаются миллионными тиражами. Матери и отцы старательно выполняют инструкции этого неискушенного ученого, чтобы по своему желанию сформировать характер детей.

Затем появились доктор Зигмунд Фрейд, доктор Бенджамин Спок и доктор А. С. Нейл (см. седьмую главу). Затем появились доктор Том Гордон, доктор Рут Вестхаймер, Фил Донахью, Опра Уинфри, журналы «Ladies' Home Journal», «Cosmopolitan», «Redbook» и, наконец, газета для «пытливых умов, которые хотят все знать». С каждым новым, противоположным по смыслу предположением, возникавшим в нашем мире, я задавал себе вопрос: если этот новый подход такой прекрасный, почему о нем никто не знал до сих пор? Каким же образом двадцать миллиардов родителей в течение более пяти тысяч лет не пришли к понимаю этой концепции? Ведь само собой разумеется, накопленный опыт всех мам и пап за все века *должен кое-что значить.*

Моя главная цель в написании этой книги, как в версии 1970 года, так и в этом издании, состоит в изложении для потомства моего понимания иудео-христианской концепции родительских функций, которыми руководствовались миллионы родителей в течение многих веков. Я убежден, что *и в вашем доме* эта концепция будет эффективной. А теперь давайте двинемся дальше и исследуем пять принципов, лежащих в основе разумного воспитания детей.

1. *Воспитание уважения к родителям — важный фактор в отношениях с детьми.* Абсолютно необходимо, чтобы ребенок научился уважать своих родителей. Это нужно не для удовлетворения их *эго*, но для того, чтобы его взаимоотношения с ними заложили основание для дальнейших контактов с другими людьми. Его ранние взгляды на родительский авто-

ритет становятся краеугольным камнем будущей позиции по отношению к власти в школе, стражам правопорядка, работодателям и другим людям, с которыми ему придется жить и работать. Взаимоотношения родителей и ребенка представляют собой первые и самые важные взаимодействия, которые предстоит пройти ребенку, и все недостатки и недочеты, пережитые им в этой области, позже можно будет увидеть в его собственной жизни.

Уважение к родителям нужно развивать ради еще одной не менее важной причины. Если вы хотите, чтобы ваш ребенок по достижении подросткового возраста перенял ваши ценности, значит, вам нужно быть достойным уважения на ранних этапах его развития. Если ребенку в течение первых пятнадцати лет удается успешно игнорировать своих родителей, смеясь им в лицо и упрямо пренебрегая их авторитетом, он разовьет в себе естественное к ним презрение.

«Тупые родители! Я снова обвел их вокруг пальца. Конечно, они любят меня, но на самом деле я думаю, что они меня боятся». Ребенок, возможно, не произносит этих слов вслух, но он ощущает их каждый раз, когда ему удается перехитрить старших и выиграть конфронтацию или сражение. Позже он, скорее всего, будет демонстрировать свое неуважение в более дерзкой манере. Считая родителей недостойными своего уважения, он, по всей видимости, будет отвергать все остальные аспекты их философии и веры.

Этот фактор особенно важен для родителей-христиан, которые хотят передать своим сыновьям и дочерям любовь к Иисусу Христу. Почему? Потому что ребенок обычно отождествляет своих родителей и особенно отцов... с Богом. Поэтому если мама и папа недостойны уважения, тогда их морально-нравственные устои, отношение к родине, ценности и верования и даже религиозная вера также не могут восприниматься как достойные.

Я был шокирован, когда увидел эту тесную связь между Богом и мной в разуме моего сына, которому тогда было два года. Райан наблюдал за тем, как мы с женой каждый раз молимся перед едой, но его самого никогда не просили молиться. Однажды когда я отправился в деловую поездку, Ширли за обедом неожиданно повернулась к малышу и спросила, не хочет ли он помолиться перед едой. Это приглашение его застало врасплох, но он сложил ручки, наклонил головку и сказал: «Я люблю тебя, папа. Аминь».

Когда я вернулся домой и Ширли рассказала мне об этом происшествии, я почувствовал тревогу. Я понял, что не осознавал, до какой степени Райан отождествлял меня с «Отцом небесным». Я даже не был уверен, что хотел бы оказаться на этом месте. Это означало слишком большой труд, а я не хотел взваливать на себя такую ответственность. Но у меня не было выбора, как его нет и у вас. Бог дал нам задание представлять Его в годы формирования наших детей. Вот почему так важно всем нам познакомить наших детей с двумя преобладающими качествами Бога — Его непостижимой любовью и Его справедливостью. Если мы любим своих детей, но позволяем им относиться к нам пренебрежительно и без должного уважения, мы искажаем их понимание Отца. С другой стороны, если мы становимся жесткими функционерами, не проявляющими любви, тогда наши весы отклоняются в противоположную сторону. То, чему мы учим своих детей о Господе, в какой-то степени функционирует в наших взаимоотношениях с ними в качестве образцовой модели, показывающей, что такое любовь и дисциплина. Страшно, не так ли?

Аспект уважения также полезен в определении родительской интерпретации какого-либо поведения. Во-первых, родителям нужно понять, является ли нежелательное поведение прямым вызовом их авторитету, их лидерской позиции как отца или матери. Форма дисциплинарного воздействия, которую они выберут, должна зависеть от результатов их оценки.

Например, предположим, что маленький Крис повел себя глупо в гостиной и упал, задев стол и разбив дорогие фарфоровые вазы и безделушки. Или, предположим, Венди потеряла велосипед или оставила мамин кофейник на дворе под дождем. Это акты обычной детской безответственности, к которым следует относиться как к таковым. Может быть, родители не обратят внимания на эти события или заставят ребенка возместить ущерб какой-нибудь работой в зависимости от его возраста и зрелости, конечно.

Однако эти примеры нельзя назвать открытым вызовом власти родителей. Они произошли не по причине высокомерного неповиновения, а потому не должны повлечь за собой серьезное наказание. На мой взгляд, шлепки (которые мы обсудим позже) следует оставить на случаи, когда ребенок (в возрасте от полутора до десяти лет) выражает родителям непокорное «я не буду!» или «это ты замолчи!» Когда дети проявляют такое упрямое бунтарство, нужно отреагировать на вызов немедленно. Когда между вами и ребенком возникает конфликт, времени на обсуждение добродетели послушания нет. Это не тот случай, когда нужно отсылать ребенка в его комнату, чтобы он там сидел и дулся. Дисциплинарные меры также не следует откладывать до тех пор, пока ваш усталый супруг не доплетется с работы до дома.

Вы провели на земле черту, и ваш ребенок намеренно переступает через эту границу. Кто выиграет в этой схватке? У кого больше смелости? Кто здесь самый главный? Если вы не дадите решительный ответ на эти вопросы своему упрямому ребенку, он быстро спровоцирует другой конфликт и будет задавать вам эти вопросы снова и снова. Абсолютный парадокс в жизни юнцов состоит в том, что они хотят быть ведомыми, но настаивают на том, чтобы вы заслужили это право — вести их за собой.

Когда мамы и папы не берут на себя власть в момент брошенного вызова, они создают для себя и своей семьи все условия для пожизненной головной боли. Так произошло в случае с четой Халловейс, у которой была дочь по имени Бекки (имена вымышленные). Однажды днем миссис Халловейс пришла ко мне в отчаянии и рассказала о причинах своей озабоченности. Бекки никогда не учили уважительно и с послушанием относиться к своим родителям, и ее ранние годы превратили жизнь всей семьи в кошмар. Миссис Халловейс была уверена, что со временем Бекки станет управляемой, но этого так и не произошло. С раннего возраста она с полным презрением относилась к родителям, постоянно была угрюмой, неуважительной, эгоистичной, отказываясь сотрудничать с ними. Миссис и мистер Халловейс не считали себя вправе что-то требовать от дочери, поэтому они вежливо улыбались и делали вид, что не замечают ее ужасающего поведения.

Им стало еще труднее сохранять свое великодушное отношение, когда Бекки вступила в подростковый период полового созревания. Она находилась в постоянной оппозиции, с отвращением и презрением насмехаясь над родителями. Мистер и миссис Халловейс боялись провоцировать ее каким-либо образом, потому что тогда она впадала в немыслимые и дикие истерики. Они стали жертвой эмоционального шантажа. Они думали, что смогут купить ее доброжелательность и потому провели ей в комнату личный телефон. Она приняла этот подарок без слова благодарности, и за первый же месяц родители получили от телефонной компании неимоверно огромный счет за телефонные переговоры.

Они решили, что вечеринка сделает ее счастливой, и миссис Халловейс усердно трудилась над украшением дома и приготовлением угощения. В назначенное время толпа грязных и оборванных подростков вломилась в дом, круша и уничтожая все на своем пути. В этот вечер миссис Халловейс сказала Бекки что-то такое, что вывело подростка из себя. Девочка ударила мать и оставила ее лежать в луже крови в ванной.

Мистер Халловейс по возвращении домой нашел свою жену беспомощно лежащей на полу. Он обнаружил свою дочь на заднем дворе беззаботно танцующей со своими друзьями. Когда он рассказывал подробности того ночного кошмара, в его глазах стояли слезы. Он сказал, что его жена все еще находится в больнице, предаваясь размышлениям о неудачах в деле воспитания дочери и оправляясь от полученных ран.

Такие родители, как чета Халловейс, часто не понимают, как можно взаимно сочетать любовь и дисциплину в деле воспитания ребенка. Эти два аспекта взаимоотношений не противопоставляются и не работают друг против друга. Это две грани одного и того же качества. Одно требует участия другого. Дисциплинарные методы воздействия не ущемляют родительскую любовь, они являются ее качеством и функцией. Правильное наказание не является тем, что родители делают *по отношению* к любимому ребенку, они это делают *ради* него или нее. Простое понимание данных истин в ранние годы Бекки могло бы избавить ее родителей от кошмаров в последующие годы.

Когда Бекки была еще дошкольницей, они должны были руководствоваться тем, что слишком любят ее, чтобы позволить ей вести себя подобным образом. Красочные и яркие образы могли помочь маленькому ребенку ясно осознать эти истины. Ниже следует история, которую я рассказывал своим маленьким детям, когда они нарушали границы дозволенного поведения:

Я знал одну маленькую птичку, которая сидела в гнезде со своей мамочкой. Однажды мама-птица улетела, чтобы найти для своего птенца червячков на обед, а маленькой птичке велела не покидать гнезда в свое отсутствие. Но маленькая птичка не послушалась. Она выпрыгнула из гнезда и упала на землю, где ее поймала большая кошка. Когда я велю тебе слушаться меня, то делаю это, потому что знаю, что для тебя лучше всего, точно так, как мама-птица знала, что лучше для ее маленького птенца. Когда я не разрешаю тебе уходить со двора и выходить на проезжую часть, то делаю это потому, что на улице на большой скорости ездят машины. Я люблю тебя и не хочу, чтобы с тобой случилось что-то плохое. Если ты не будешь слушаться, мне придется тебя отшлепать, чтобы напомнить тебе, что мои слова должны быть для тебя важными. Ты меня понял?

Моя мама, как я уже говорил, обладала особой проницательностью относительно правильных методов воспитания. Она проявляла огромное терпение к моим детским шалостям и по большей части демонстрировала поразительную рассудительность. Если я приходил домой после школы поздно и мог объяснить причину своего опоздания, вопрос этим исчерпывался. Если я не выполнял порученного задания, мы могли сесть и достичь договоренностей относительно наших будущих действий. Однако существовал один вопрос, в котором она была абсолютно непреклонна: она не терпела наглости и развязности. Она знала, что дерзкий ответ и то, что она называла «надутыми губами», были основным потенциальным оружием непослушания, а потому с этим следовало решительно бороться.

Я очень рано понял, что если я собрался дерзить маме, то мне нужно отойти от нее как можно дальше. Эта дистанция была необходима для того, чтобы избежать мгновенной реакции, обычно нацеленной на мою попу.

День, в который я понял важность этой дистанции, остался ярким пятном в моей памяти. Я совершил дорогостоящую ошибку, нагрубив матери и оставшись стоять рядом с ней. Я знал, что пересек границы дозволенного, а потому мне было очень интересно, что за этим последует. Но на выяснение этого много времени не потребовалось. Мама оглянулась кругом, чтобы найти предмет, при помощи которого она могла бы выразить свое неудовольствие, и ее рука наткнулась на ремень. В те дни ремни отделывались заклепками и особенными вставками. Она замахнулась этим ужасающим предметом одежды, а у меня в ушах до сих пор стоит свист ремня в воздухе. Удар пришелся мне в грудь, а конец ремня, обвившись вокруг тела, захватил часть живота. Матери удалось одним ударом загрузить мой мозг всей необходимой информацией! Но с того дня и далее я очень внимательно следил за своими словами, разговаривая с мамой. Больше никогда я не позволял неуважительного к ней отношения, даже когда ей стукнуло семьдесят пять лет.

С тех пор я рассказывал эту историю много раз, и реакция слушателей была интересной и разнообразной. Многим людям этот случай казался просто забавным, и они полностью осознавали безобидный смысл этого происшествия на тот момент. Другие, никогда не видевшие мою маму и не знавшие о ее огромной любви ко мне, мгновенно обвиняли ее в злостном насилии по отношению к ребенку. Один христианский психолог даже написал в своей книге главу о недопустимости подобного наказания. Другой человек из Вичиты, штат Канзас, был настолько возмущен моим рассказом, что отказался прийти на мою конференцию. Позже он признался, что неправильно понял слово «ремень», и решил, что мать избила меня сковородой с ручкой.

Если вы склонны согласиться с моими критиками, пожалуйста, постарайтесь услышать меня. Я единственный человек на свете, который может точно рассказать о последствиях наказания, которому подвергла меня мать. Я единственный, кто это пережил. И я утверждаю, что тот удар ремнем был актом любви! Моя мама была готова положить свою жизнь за меня, не задумываясь ни на секунду, и я всегда знал это. Она бы не причинила вреда и волоску на моей взъерошенной голове. Да, она рассердилась на мое высокомерие, но ее внезапная реакция была корректирующим поступком. Мы оба знали, что я вполне заслужил это. Именно поэтому моментальная боль никак не повлияла на мое чувство собственного достоинства и самооценку. Хотите верьте, хотите нет, но я почувствовал, что меня любят. Принимайте или отвергайте, доктора и эксперты, но это действительно так.

А теперь позвольте мне сказать вам очевидное. Я прекрасно осознаю, что точно в таких же условиях можно было испытать чувство ненужности и враждебности в первую очередь. Если бы я не знал, что меня любят… если бы меня часто и жестоко били за малейшие нарушения дисциплины, я бы серьезно пострадал от удара того самого ремня. Дело было совсем не в чувстве физической боли. Главным был *смысл* этого события.

Этот эпизод показывает, почему так трудно проводить серьезные и значимые исследования в области воспитания детей. Самые важные факторы слишком субъективны, чтобы уравнивать вероятности и проанализировать последствия. Существующая сложность также объясняет тот факт, почему социальным работникам, пытающимся спасти детей от жестокого обращения, часто так трудно быть беспристрастными. Многие хорошие родители в семьях, где господствует любовь, лишаются родительских прав из-за свидетельств, которые неправильно интерпретируются. Например, синяк размером с пятикопеечную монету на попе ребенка с нежной кожей может свидетельствовать, а может и не свидетельствовать о случае жестокого насилия. Все зависит от обстоятельств. В благополучном и доброжелательном доме этот синяк не имел бы никаких психологических последствий, как не имеет значения случайно появившаяся ссадина на коленке или ушибленный палец ноги. И опять, главное здесь вовсе не синяк, но *смысл*, за ним скрывающийся, а именно: как он появился, а также подтекст сложившихся в семье отношений. Тем не менее убитые горем родители потеряли своих детей на основании всего одного свидетельства подобной природы. Мы называем это жестоким обращением с родителями.

Пожалуйста, не пишите мне писем и не обвиняйте в том, что я защищаю родителей, которые действительно жестоки по отношению к детям хотя бы иногда или в небольшой степени. Это не так. Этого действительно нельзя допускать. Но иногда нам нужно запастись смелостью, чтобы сказать, что нам следует рассматривать всю гамму отношений, прежде чем забирать ребенка из безопасной обстановки хорошей семьи, не строя судьбоносное решение на основании всего лишь одного свидетельства.

Возвращаясь к теме уважения, позвольте мне подчеркнуть, что этот фактор не будет работать в качестве одностороннего понятия, потому что его следует развивать в обоих направлениях. Родители не смогут требовать от детей уважительного отношения к себе, если не будут платить ребенку тем же. Родителям следует быть деликатными с чувством собственного достоинства ребенка, никогда не унижая и не ввергая его в смущение перед другими детьми. Дисциплинарные методы воздействия нужно осуществлять вдали от жадных до зрелищ глаз посторонних людей. Над детьми нельзя смеяться, если они от этого испытывают дискомфорт. К их чувствам и просьбам, даже если они выглядят глупыми, следует подходить со всей серьезностью и оценивать их честно. Им нужно ощущать, что родители «*действительно их любят*». Чувство собственного достоинства — самая хрупкая субстанция в человеческой природе. Ей можно причинить вред самым незначительным событием, а восстановить ее исключительно трудно.

Таким образом, отцу, относящемуся к детям критически и с сарказмом, не приходится ожидать в ответ искреннего и уважительного отношения к себе. Его отпрыски будут *бояться* его, а значит, будут скрывать свое презрение. Но в подростковом возрасте они попытаются отомстить ему. Дети осознают мудрость старой пословицы: «Не смейся над крокодилом, пока не пересек поток». Поэтому злобный и колючий отец может какое-то время запугивать своих домашних, но если он не будет проявлять к ним уважения, они, достигнув безопасной гавани ранней взрослости, ответят ему враждебностью.

ПЕРИОД МЛАДЕНЧЕСТВА

Прежде чем завершить тему уважения, давайте немного поговорим о прекрасной поре жизни, известной как младенчество. Он начинается с разбитой вазы (или лампы) примерно в полтора года и завершается в три. Младенец — самый упрямый нарушитель законов и норм поведения, и он искренне верит, что вся вселенная вращается вокруг него. Он такой любопытный, очаровательный, забавный и восхитительный... Но он также эгоистичный, требовательный, непослушный и мятежный. Комик Билл Косби, должно быть, понес личные потери от рук младенцев, поэтому люди часто цитируют следующие его слова: «Дайте мне двести активных двухлетних малышей, и я завоюю весь мир».

Дети от полутора и до трех лет не желают мириться с ограничениями, они не любят никаких препятствий. Они также не собираются скрывать своих взглядов. Они сопротивляются всем попыткам уложить их в постель, и время отхода ко сну становится самым тяжелым, самым мучительным часом за весь день. Они желают играть со всем, что находится в зоне досягаемости, в особенности им нравятся вещи хрупкие, бьющиеся и дорогостоящие. Вместо горшка они предпочитают собственные штанишки и настаивают на том, чтобы им разрешили есть руками. Нет нужды напоминать вам, что большая часть из того, что они засовывают в рот, к продуктам питания не относится. Если им удается вырваться из рук взрослого в магазине, они мчатся вперед так быстро, как только могут их нести толстенькие и коротенькие ножки. Они хватают кошек за уши, а затем вопят изо всех сил, если те их поцарапают. Они желают видеть маму в пределах трех метров от себя в течение всего дня напролет, желательно в роли товарища по играм. Воистину, малыш в этом возрасте — настоящий тигренок!

Родители, делающие все необходимое для воспитания этого драгоценного чада, выясняют все же, что контролировать такого ребенка очень трудно. По этой причине мамам и папам не следует надеяться, что их двухлетние дети поведут себя, как большие ребятишки. Контролирующая, но терпеливая рука время от времени будет преуспевать в успокоении маленького анархиста, но, скорее всего, это произойдет не ранее трех–четырех лет. К сожалению, однако, отношение малыша к авторитету взрослых может серьезно испортиться за время младенчества. Родители, которые так любят своего ненаглядного малыша, что не в состоянии противостоять ему, могут утратить и никогда уже не вернуть возможность контролировать его. Это время, благоприятное для утверждения своего авторитета. Надо мягко, но настойчиво показывать, что с вами следует считаться.

Однажды я познакомился с бунтарем тринадцати лет, который восставал против любого намека на родительский авторитет. Он приходил домой не раньше двух часов ночи и демонстративно отказывался выполнить просьбы, с которыми обращалась к нему мама. Поняв, что ее неспособность руководить сыном имеет глубокие корни, я попросил ее рассказать историю этой проблемы. Она ясно помнила, когда все началось. В то время ее сыну не было и трех лет. Она отнесла его в комнату и положила в кроватку, а он плюнул ей в лицо.

Она объяснила ему, что плевать маме в лицо нельзя, но ее речь была прервана еще одним мокрым выстрелом. Этой маме объясняли, что все конфликты следует решать в любви, понимании и обсуждении. Она утерла лицо и возобновила свои объяснения, которые вновь были прерваны хорошо нацеленным плевком. Уже в отчаянии она слегка потрясла малыша, но не настолько сильно, чтобы он не смог плюнуть ей в лицо снова.

Что ей было делать? Ее философия не могла предложить ей достойного выхода из этого трудного положения. Наконец, в полном отчаянии она выбежала из комнаты, а маленький победитель плюнул в дверь в тот самый момент, когда она закрылась за его мамой. Она проиграла, а он выиграл! Измученная мама сказала, что с той ночи она ни разу не одержала над сыном верх!

Когда родители проигрывают в конфликте с маленькими детьми, выиграть в следующих конфликтных ситуациях еще сложнее. Слишком слабые, усталые или занятые родители, не способные выиграть эту войну интересов, совершают большую ошибку, которая нависнет над ними страшной угрозой в период, когда их дети достигнут подросткового возраста. Если вы не можете заставить пятилетнего ребенка убрать за собой игрушки, вряд ли вы сможете руководить им в период самого мятежного возраста.

Очень важно понять, что подростковый возраст — это концентрация или композиционный результат всего воспитания и поведения, имевшего место ранее в вашей жизни. Неразрешенные в первые двенадцать лет вопросы, скорее всего, взорвутся в подростковом возрасте, поэтому лучше всего разминировать часовой механизм в вашем ребенке за двенадцать лет до его взрыва. Как сказал доктор Билл Слоунекер, педиатр из Неэшвилла и мой друг, в одной из радиопередач программы «В фокусе семья»: «Если дисциплина начинается на второй день жизни, вы опоздали на целый день».

Доктор Слоунекер не имел в виду шлепанье или другие дисциплинарные методы воздействия как таковые. Скорее он говорил об ответственности родителей, об их любви к ребенку, достаточной, чтобы желать руководить им и установить контроль над ним. В своей частной практике он встречался со многими мамами, которые боялись взять на себя руководство своими малышами. Они приходили к нему в кабинет и жаловались: «У моего шестимесячного ребенка, похоже, жар, и он все время кричит». Он спрашивал, есть ли у ребенка температура, на что женщины отвечали: «Не знаю, он не дает мне измерить температуру». Эти мамы уже уступили какую-то долю своей власти собственным младенцам. Позже им придется об этом только пожалеть.

Должен сказать, что некоторые виды непослушного поведения явно отличаются по своему происхождению от «вызывающего» непослушания, о котором я сейчас говорю. Враждебность ребенка и упрямый негативизм могут происходить в результате чувства разочарования, недовольства или неприятия, и их следует рассматривать в качестве предупреждающего сигнала, к которому необходимо прислушаться. Может, самой сложной задачей в деле воспитания следует считать способность увидеть разницу между этими двумя совершенно разными мотивами.

Сопротивление ребенка всегда содержит в себе ясное послание к родителям, которое тем следует понять, прежде чем отреагировать на него. Это послание часто выражено в форме вопроса: «Кто здесь главный, ты или я?» На этот вопрос нужно дать четкий ответ, который предотвратит следующие попытки свергнуть конституционное правительство в семье. С другой стороны, ребенок может проявлять антагонизм, чтобы сообщить родителям, что он чувствует себя забытым и нелюбимым, отодвинутым на задний план вечно орущим новорожденным братиком: «Раньше мама меня любила, а теперь никто не хочет со мной возиться. Поэтому я всех ненавижу». Когда в основе мятежного поведения лежит такого рода мотивация, родителям следует быстро успокоить встревоженного ребенка.

Самые эффективные родители способны заглянуть в душу своего ребенка и увидеть то, что видит он, понять его мысли и испытать внутри себя его ощущения. Например, когда по вечерам двухлетний малыш плачет и устраивает истерики, нужно понять, что он хочет сказать этим плачем. Если его пугает темнота в комнате, тогда реакция родителей должна быть иной, чем в случае, когда ребенок просто не хочет ложиться спать. Искусство талантливого родителя вращается вокруг интерпретации значения, сокрытого за поведением ребенка.

Если родители интуитивно *знают* своего ребенка, они смогут понаблюдать и распознать, что происходит в его маленькой голове. Ребенок *скажет*, о чем он думает, если они научатся внимательно его слушать. Но до тех пор, пока они не овладеют этим умением, им придется инстинктивно искать в темноте правильный ответ на постоянно возникающие проблемы.

Повторяя первый пункт, еще раз скажу, что главная цель воспитания ребенка состоит в завоевании и сохранении уважения. Если родители не преуспеют в этом, жизнь для них станет действительно некомфортной. В следующей главе мы перейдем к обсуждению других четырех элементов традиционного подхода к воспитанию ребенка.

ГЛАВА 3

Больше здравого смысла в отношении к детям

В первой главе я упоминал о том, что, взявшись писать и говорить о воспитании детей, я пошел на определенный риск, поскольку тогда я сам был молодым и неопытным отцом. В те дни по этой причине моя семья испытывала достаточно сильное давление. Но Бог дал мне хороших детей, и мы справились с этой задачей достаточно хорошо. Однако в нашей жизни было несколько действительно трудных моментов, которые привели нас в некоторое замешательство.

Один из этих случаев произошел в воскресный вечер 1974 года, когда Данае было девять лет, а Райану около пяти. Меня попросили выступить на церковном собрании рядом с нашим домом. Как оказалось, в тот вечер я совершил две большие ошибки. Во-первых, я решил говорить о воспитании и, во-вторых, я привел с собой в церковь своих детей. Только потом я понял, что мне не следовало этого делать.

После того как я выступил со своей остроумной, глубокомысленной и информативной речью, я стоял перед алтарной частью и разговаривал с родителями, подошедшими ко мне просить совета. Вокруг собралось около двадцати пяти молодых пап и мам, каждый из которых задавал конкретные вопросы. Так я стоял, расточая глубокую мудрость в деле воспитания детей, когда вдруг услышал громкий шум, доносившийся с балкона. В ужасе я поднял глаза и увидел, как Даная бегает за Райаном, опрокидывая стулья, спотыкаясь и громко хохоча. Это был один из самых неприятных моментов в моей жизни. Мне с трудом удалось сказать стоявшей передо мной леди, как следует вести себя с непослушными детьми, в то время как мои собственные дети дико резвились на балконе. Кроме того, на тот момент они находились далеко от меня. Наконец, я поймал взгляд Ширли и кивком головы показал ей, чтобы она немедленно отправилась на второй этаж. Больше никогда я не выступал перед публикой, если рядом находились мои дети.

Я рассказываю эту историю для того, чтобы пояснить цель воспитания детей. Мы не призваны вырастить совершенных детей. Даже если вам удастся внедрить у себя дома безошибочную систему воспитания, чего не удавалось сделать никому за всю историю человечества, ваши дети останутся детьми. Иногда они будут вести себя глупо, иногда будут что-то крушить, будут лениться, покажут себя эгоистами и, конечно, даже проявят неуважение. Такова природа человека. У нас, взрослых, те же проблемы. Более того, когда дело касается детей, так и *должно быть*. Мальчики и девочки похожи на часы, им нужно позволить идти своим ходом. Тем самым я хочу сказать, что принципы, изложенные в данной книге, не призваны произвести маленьких и совершенных роботов, которые смогут чинно сидеть на стульях, а в голове у них будут кружиться только патриотические и исключительно благородные мысли. Даже если бы мы *могли* это сделать, думаю, было бы неразумно даже попробовать совершить нечто подобное.

Наша цель, как я понимаю, заключается в формировании характера через работу с сырым материалом, которым по сути являются наши дети, приходя в этот мир. Мы должны постепенно и настойчиво созидать из него зрелых и ответственных, боящихся Бога взрослых людей. Это процесс длиной в двадцать лет, в котором будет прогресс и регресс, успехи и неудачи. Когда ребенку исполнится тринадцать, вам на какое-то время покажется, что он не усвоил ничего из того, чему вы его учили. Может показаться, что у него нет ни манер, ни доброты, ни великодушия или стиля. Но потом в нем все больше будет проявляться зрелость и, наконец, покажутся маленькие зеленые росточки из ранее посаженных семян. Самое благодарное чувство из всех существующих на земле вы испытываете, когда воочию видите этот переходный прогресс от младенчества к зрелости на протяжении двух десятков лет.

Теперь давайте перейдем к обсуждению четырех принципов разумного подхода в деле воспитания детей.

2. *Самая благоприятная возможность для общения возникает после дисциплинарного воздействия.* Ничто так не сближает членов семьи, как решительная победа мамы или папы после брошенного вызова со стороны ребенка. Это особенно верно в тех случаях, когда ребенок явно «напрашивался», вполне осознавая, что он заслужил последовавшее за неправильным поведением наказание. Демонстрация взрослыми своего авторитета как ничто другое созидает уважение, и ребенок часто показывает свою любовь к родителям после того, как его слезы высохнут.

По этой причине родителям не следует бояться или пытаться избежать конфронтации или конфликтов со своими детьми. Эти случаи нужно ожидать как важные события, потому что они представляют собой возможность передать вербальные и невербальные сообщения мальчику или девочке, которые в иных ситуациях были бы просто невозможны. Позвольте мне еще раз подчеркнуть, что родителям не нужно прибегать к чрезвычайным способам наказания в конфликтных ситуациях. Напротив, небольшой дискомфорт весьма эффективно смягчает мятежный дух ребенка. Однако телесное наказание должно быть достаточно ощутимым, чтобы вызвать у ребенка настоящие слезы.

После эмоционального всплеска ребенок часто испытывает желание прижаться к родителю, и его нужно принять с широко распростертыми, любящими объятиями. В этот момент можно поговорить с ним откровенно. Вы можете сказать, как сильно вы его любите и как он важен для вас. Вы можете объяснить, почему он был наказан и как он сможет избежать в следующий раз подобных проблем. Такого рода общение часто бывает невозможным с другими видами наказания, как, например, стояние в углу или изъятие любимой игрушки. Обиженный ребенок часто *не желает* с вами разговаривать.

Иллюстрацией к этому утверждению может послужить конфронтация со стороны нашей дочери, с чем однажды столкнулась моя жена. Когда Данае было около полутора лет, Ширли захотела зажечь огонь в камине, а для этого ей нужно было выйти в гараж за дровами. Шел дождь, поэтому жена сказала Данае, стоявшей босиком на полу, подождать в коридоре. Даная научилась говорить довольно рано и потому поняла значение маминых слов. Тем не менее она неожиданно вышла во двор под дождь. Ширли поймала ее и вернула в дом, снова повторив свой приказ более строгим тоном. Но как только Ширли отвернулась от ребенка, та снова выскочила во двор. Это был безошибочный акт неповиновения только что отданному приказу. Тогда Ширли легонько хлестнула по маленьким ножкам Данаи прутиком.

После того как слезы у Данаи высохли, она подошла к Ширли, сидевшей у камина, и попросилась на руки, говоря: «Люблю маму». Ширли ласково подняла дочь на руки и укачивала в течение минут пятнадцати. В эти моменты проявления нежности и любви она мягко говорила дочери о важности послушания.

Родительское тепло после наказания исключительно важно для демонстрации того, что родители отвергают не самого ребенка, а его *поведение*. Уильям Глассер, отец Реальной терапии, очень ясно показал это различие, описывая разницу между дисциплинарными мерами и наказанием. Дисциплинарное воздействие направлено на конкретное поведение, и ребенок примет последствия этого без возражений. А наказание он определяет как реакцию, которая направлена на самого человека. Она представляет собой желание одного человека причинить боль другому. Это скорее выражение враждебности, а не корректирующей любви. В качестве такового ребенок резко отвергает подобные действия.

Хотя я иногда использую эти два термина как взаимозаменяемые понятия, я согласен с основным допущением Глассера. Нет сомнений, существуют неправильные методы коррекции ребенка, которые заставят его почувствовать себя ненужным и нелюбимым и вселят в него неуверенность. Самой лучшей гарантией против этого может стать заключительный шаг после дисциплинарного наказания, сопряженный с проявлением любви.

3. *Контроль без нотаций (если возможно).* Крики и нотации в адрес ребенка могут войти в привычку, причем это неэффективный метод воздействия! Вы когда-нибудь кричали своему ребенку: «Я в последний раз тебя предупреждаю, что это в последний раз!» Родители часто используют гнев, чтобы произвести действие, вместо того чтобы производить действие ради произведения действия. Крики и нотации утомляют, но не работают! Попытка руководить ребенком криками абсолютно бессмысленна точно так, как бессмысленны попытки вести машину нажатием звукового сигнала.

Давайте рассмотрим иллюстрацию, которая поможет представить один из миллионов домов в конце длинного, напряженного и утомительного дня. Смертельно уставшей маме кажется, что в ее голове гремят десятки громких барабанов. Но она знает, что ей нужно отправить сына в ванную, а потом в постель. Однако восьмилетний Генри *не хочет* идти спать и по опыту знает, что на укладывание у его измученной матери уйдет примерно около получаса.

Генри сидит на полу и играет в свои игры. Мама смотрит на часы и говорит: «Генри, уже почти девять часов (она прибавляет ко времени запасные полчаса), поэтому собери свои игрушки и прими ванну». Но Генри и мама оба прекрасно знают, что она не имеет в виду *немедленное* выполнение своей просьбы. Она хочет, чтобы он начал *думать* о необходимости принять ванну. Если бы он тут же послушно отправился в ванную, она бы потеряла сознание от удивления.

Примерно десять минут спустя мама говорит снова: «Генри, уже поздно, а тебе завтра в школу, сейчас же собери игрушки и отправляйся в ванную!» Она по-прежнему не надеется, что Генри ее послушает, и он это тоже знает! *На самом деле* она посылает ему вот какое послание: «Генри, мы с тобой приближаемся к реальному времени!» Генри тянет к себе ящик для игрушек, чтобы показать, что он ее слышит. Затем он использует последние несколько минут для того, чтобы хоть немножко поиграть.

Проходит шесть минут, и мама снова повторяет свою команду, на этот раз более требовательным голосом и даже с угрозой. «Послушай меня, молодой человек, я тебе велела двигаться, иначе я рассержусь!» Для Генри эти слова означают, что ему следует убрать игрушки и начать двигаться по направлению к ванной. Если мама действительно наблюдает за ним, тогда ему нужно быстро выполнить приказание. Но если вдруг на счастье зазвонит телефон или если мамин ум блуждает где-то и она еще нескоро выполнит последний шаг привычного ритуала, Генри можно будет поиграть еще немного.

Видите ли, Генри с мамой вовлечены в привычный одноактный спектакль. Они оба знают правила и роль, которую играет каждый из актеров. Вся сцена разыгрывалась сотни раз, вся она просчитана до минуты. И в действительности они эту сцену проигрывают снова и снова, каждый вечер. Каждый раз, когда мама велит Генри сделать то, что ему не хочется, она переживает разные стадии притворного гнева. Все начинается со спокойствия, а заканчивается красным лицом и угрозами. Генри можно не двигаться до тех пор, пока мама не покраснеет.

Насколько же глупа эта игра! Поскольку мама руководит Генри при помощи пустых угроз, ей приходится почти все время находиться в состоянии полуготовности к истерике. Ее взаимоотношения с детьми испорчены, и каждый вечер для нее заканчивается сильной головной болью и дергающимся левым веком. Она никогда даже не рассчитывает на мгновенное послушание, поскольку ей нужно минут пять на то, чтобы изобразить правдоподобную степень гнева.

Насколько было бы лучше прибегнуть к *действию*, чтобы получить желаемое поведение. Существуют сотни подходов, которые обеспечат желанную реакцию, одни из которых предполагают небольшую боль, в то время как другие предложат ребенку награду. Использование награды в качестве «позитивного закрепления» желаемого поведения обсуждается в следующей главе, поэтому сейчас мы об этом говорить не будем. Но незначительная боль, или «негативное закрепление», также может обеспечить отличную мотивацию для ребенка.

Когда ребенок игнорирует спокойный призыв родителей к послушанию, у мамы с папой должны быть какие-то средства заставить малыша *желать* сотрудничать с ними. Тем людям, которые не могут придумать такое средство, могу предложить следующее: это мускул, который уютно расположился у основания шеи. В атласах по анатомии этот мускул называется «трапециевидной мышцей», и если ее крепко прижать, она тут же пошлет в мозг короткие сигналы: «Мне больно: любой ценой избегай повторения этой боли». Эта боль временная, она не причинит человеку никакого вреда. Но данное действие имеет поразительный эффект и является прекрасным средством для родителей, когда их дети игнорируют авторитетные просьбы и повеления.

Давайте вернемся к вечерней сцене с Генри. Позвольте мне высказать предположение о том, что ее можно переиграть весьма эффективно. Начнем с того, что маме следует заранее предупредить мальчика, что ему осталось играть пятнадцать минут. Никому, ни ребенку, ни взрослому, не понравится внезапное прекращение приятной деятельности. Поэтому вполне разумно поставить будильник или таймер на микроволновой печи. Когда пятнадцать минут пройдут и прозвучит сигнал, мама должна спокойно напомнить Генри, что он должен отправиться в ванную. Если он немедленно не начнет двигаться, следует немного прижать ту самую мышцу на шее. Если Генри поймет, что это или другие неприятные ощущения ему гарантированы, он начнет двигаться немедленно, не дожидаясь нежелательных последствий.

Я знаю, что кто-то из моих читателей скажет, что осознанное и преднамеренное причинение даже незначительной боли малышу представляет собой жестокий поступок, в котором нет любви. Другие посчитают это чистым варварством. Я категорически не согласен с таким суждением. Если выбирать между измученной, надрывно кричащей и угрожающей матерью, которая взрывается по нескольку раз на дню, и мамой, которая реагирует осознанно и разумно на непослушание ребенка, то я, вне всяких сомнений, рекомендую последний вариант. В конце концов спокойная обстановка в доме лучше для самого ребенка, потому что именно так можно избежать напряжения во взаимоотношениях между поколениями.

С другой стороны, когда ребенок выясняет, что за миллионами словесных угроз, которые он слышит, нет реальных действий, он вообще перестает их слушать. Он реагирует только на пиковые эмоции, а это значит много криков и воплей. Ребенок двигается в противоположном направлении, трепля мамины нервы и усиливая напряженность в своих взаимоотношениях с родителями. Но главный недостаток в словесных выговорах сводится к тому, что родитель в конце концов все равно будет вынужден прибегнуть к физическому наказанию. Скорее всего, оно будет суровым, потому что взрослый человек чувствует сильное раздражение и ему трудно себя сдерживать. Таким образом, вместо дисциплинарных мер воздействия в спокойной и рассудительной обстановке родитель в отчаянии и со взвинченными нервами яростно набрасывается на воинственного ребенка. Однако совсем необязательно вести подобную войну. Ситуация могла бы закончиться совсем не так, если бы родители продемонстрировали спокойное и сдержанное отношение к происходящему.

Мягким и даже ласковым голосом мама говорит своему ребенку: «Генри, ты знаешь, что произойдет, если ты не будешь меня слушаться. Я совершенно не хочу причинять тебе неприятных ощущений, чтобы ты захотел вести себя разумно. Но если ты настаиваешь, я это сделаю. Как только прозвенит звонок, скажи, какое решение ты принял».

В таком случае перед ребенком стоит выбор, и он ясно видит преимущества, которые он получит в случае повиновения матери. Ей не нужно кричать. Не нужно угрожать. Не нужно расстраиваться самой. Она контролирует ситуацию. Конечно, маме придется два или три раза доказать, что она действительно причинит ребенку боль или как-то иначе накажет его, если возникнет необходимость. Время от времени в предстоящие месяцы Генри будет проверять ее готовность выполнить обещанное, чтобы убедиться в том, что мама по-прежнему держит власть в своих руках. Этот вопрос выясняется очень легко.

Трапециевидная мышца — на удивление полезный источник незначительной боли. Его можно использовать в бесчисленных ситуациях, когда взрослый и ребенок сталкиваются в случае явной конфронтации. Один подобный случай произошел со мной в те дни, когда мои дети были еще маленькими. Однажды я вышел из аптеки, а у дверей стоял сгорбившийся старик примерно семидесяти пяти или восьмидесяти лет. Вокруг него бегали и скакали четверо ребят около четырнадцати–пятнадцати лет. Когда я вышел из дверей аптеки, один из ребят натянул шляпу старика ему на глаза, чтобы посмеяться над тем, как глупо он выглядел, с трудом опираясь на трость.

Я встал перед стариком и предложил ребятам поискать кого-нибудь помоложе в качестве жертвы. Они стали обзывать меня, а затем медленной походкой пошли вниз по улице. Я сел в машину и уехал. Минут через пятнадцать мне пришлось вернуться в ту же аптеку, потому что я забыл купить кое-что. Когда я выходил из машины, то увидел тех же ребят, которые выбегали из расположенного по соседству магазина скобяных изделий. За ними бежал владелец, размахивая кулаком и крича в знак протеста. Позже я выяснил, что они бегали по его магазину, опрокидывая с полок на пол банки и бутылки. Они насмехались над его еврейской национальностью и несколько избыточным весом.

Когда ребята увидели, что я приближаюсь к ним, думаю, они решили, что я вижу себя в роли второго Робин Гуда, защитника невинных и друга угнетенных. Один из юных мучителей подбежал прямо ко мне и дерзко взглянул мне в глаза.

Он был примерно в два раза ниже меня, но, что совершенно очевидно, считал себя в полной безопасности, потому что был подростком. Он крикнул: «Попробуй, ударь! И тогда я отсужу у тебя все твое имущество!»

Для моего телосложения с ростом под два метра и весом около девяносто килограммов у меня довольно большие руки. По всей видимости, пришла пора их использовать. Я схватил его за плечевые мускулы с обеих сторон и крепко сжал их. Он мгновенно опустился на землю, хватаясь за шею. Затем он откатился от меня, вскочил и вместе с друзьями убежал, выкрикивая в мой адрес оскорбления.

Я сообщил в полицию об этом инциденте, и позже в тот же вечер мне позвонили из полицейского участка. Мне рассказали, что четверо хулиганов неделями наводили ужас на местных торговцев и покупателей в этом районе. Их родители категорически отказались сотрудничать с властями, и полиция чувствовала себя связанной по рукам и ногам. Без помощи родителей они не знали, что делать. Теперь, вспоминая о том случае, не могу представить более благоприятных условий для расцвета подростковой преступности, чем попустительское отношение общества к открытому неповиновению подростков и их безнаказанности. Говорят, что Леонардо да Винчи сказал такие слова: «Тот, кто не наказывает зло, позволяет ему господствовать».

Дисциплина дома ненамного отличается от дисциплины вне его. Принципы руководства детьми совершенно одинаковы в обоих случаях — меняется только их применение. Учитель, директор школы или воспитатель, пытающийся контролировать группу детей своим гневом, обрекает себя на неминуемое отчаяние и разочарование. Скоро выяснится, как далеко сможет пойти взрослый до совершения конкретных действий, и дети обязательно подтолкнут его к этой границе.

Просто удивительно, как часто учитель или руководитель группы налагает дисциплинарные меры наказания, которые *не вызывают* у детей чувства недовольства. Я знаю одну учительницу, например, которая кричит, угрожает и умоляет класс помочь ей в установлении дисциплины. Когда дети полностью выходят из-под ее контроля, она взбирается на свой стол и свистит в свисток! Детям это так нравится! Она весит около ста десяти килограммов, и дети за обедом и на переменах договариваются о том, как заставить ее влезть на стол. Совершенно ненамеренно эта учительница устраивала им развлечение, которое было фактически наградой за непослушание. Им это нравилось намного больше, чем заучивание таблицы умножения! Их отношение можно сравнить с изобретательностью Братца Кролика, который уговаривал Лису не бросать его в терновый куст. Нет ничего другого, чего бы они желали больше.

Никогда не следует недооценивать тот факт, что дети полностью осознают, что они нарушают принятые правила. Думаю, большая часть детей достаточно хорошо осведомлена о своем противлении авторитету взрослых людей. Они заранее обдумывают свои действия и взвешивают возможные последствия. Если они видят, что, скорее всего, справедливость восторжествует, они решают идти более безопасным путем. Это заявление нашло подтверждение в миллионах семей, когда ребенок испытывает запас терпения у одного родителя, а с другим ведет себя просто как ангел. Мама стонет: «Рик беспрекословно слушается папу, но не обращает на меня никакого внимания!» Но Рик не глупец. Он знает, что маму не нужно бояться, потому что это не папа.

Итак, родители должны признать, что самые эффективные методы контроля сводятся к тому, что имеет для ребенка важное значение. Бесконечные дискуссии и пустые угрозы не имеют или имеют практически незначительную мотивационную силу для ребенка. «Почему ты не возьмешь себя в руки и не исправишься, Джек? Что мне с тобой делать, сынок? Пожалей меня, мне иногда кажется, что я постоянно оказываю на тебя давление. Я просто не понимаю, почему ты не делаешь того, что тебе говорят. Если бы ты хоть раз, хотя бы разочек повел бы себя в соответствии со своим возрастом!» И поток пустых слов течет и течет неиссякаемой рекой.

Джек молча переносит бесконечные тирады месяц за месяцем, год за годом. К счастью для него, в его организме имеется механизм, который позволяет ему слышать то, что он *хочет* слышать, а все остальное перекрывается защитным экраном. Точно так же, как человек, который живет рядом с железной дорогой, не слышит грохота мчащихся мимо его дома поездов, так и Джек научился игнорировать бессмысленный шум в своем окружении. Джек (как и все его современники) с большей готовностью пошел бы на сотрудничество, если бы это принесло ему явную выгоду.

4. *Не балуйте ребенка чрезмерными материальными благами.* Несмотря на трудности во времена Великой депрессии, родителям было намного легче, чем сегодня, ответить по крайней мере на один вопрос: как мне отказать ребенку в просьбе удовлетворить его материалистические запросы? Тогда родителям было легче объяснить ребенку, что они не могут себе позволить купить все, что они захотят, потому что папа с трудом мог обеспечить семью хлебом насущным. Но во времена расцвета эта задача становится сложнее. Родителям понадобится намного больше смелости, чтобы сказать: «Нет, *я не куплю* тебе куклу Ванду, которая писается, и другую, которая сморкается, как настоящая». Объяснить, что родители не могут себе позволить этого, намного легче.

Желание ребенка иметь дорогую игрушку тщательно планируется при помощи миллионов долларов, которые производители тратят на телевизионную рекламу. Коммерческая реклама составлена таким образом, чтобы игрушки выглядели в полном соответствии со своими двойняшками из реальной жизни: реактивными самолетами, монстрами-роботами и автоматами. Маленький потребитель, очарованный и заинтригованный, сидит перед телевизором с открытым ртом. Через пять минут он начинает кампанию, которая по ее завершении обходится его папе почти в восемьдесят пять долларов плюс батарейки и налоги.

Вся беда в том, что папа часто действительно *может* позволить себе приобрести что-то новое, если не за наличные, то при помощи чудодейственной кредитной карточки. И когда три других ребенка в квартале появятся на улице с вожделенной игрушкой, мама с папой начинают испытывать чувство дискомфорта и даже вины. Они считают себя эгоистами, потому что сами позволяют себе подобные излишества. Предположим, что родителям хватило смелости воспротивиться просьбам ребенка. Но это не конец, потому что у него есть бабушки и дедушки, которых поразительно легко уговорить на что угодно. Но даже если ребенку не удалось уговорить родителей или бабушек с дедушками приобрести желанную вещь, существует еще один, гарантированный источник удовольствия: Санта-Клаус! Когда малыш просит Санту принести ему что-то конкретное, родители попадают в безвыходное положение. Не скажут же они, в конце концов, что Санта-Клаус не может себе этого позволить! Неужели этот веселый толстячок в красном костюме решится огорчить и разочаровать маленького ребенка? Конечно нет, желанная игрушка ребенка обязательно окажется в его санях на Рождество.

Меня могут спросить: «Но почему нет? Почему мы не можем дать нашим детям насладиться плодами благоденствия?» Конечно, я не против того, чтобы наши мальчики и девочки могли получить разумное количество вещей, о которых они мечтают. Но многие американские дети утонули в излишествах, которые могут послужить им только во вред. Как уже говорилось, времена изобилия представляют собой более трудное испытание для характера, чем времена скудости, и я полностью согласен с такими выводами.

Существует несколько условий, которые подавляют чувство признательности, и тогда маленький человек начинает считать, что имеет право получить то, чего желает и когда желает. Весьма поучительно наблюдать за тем, как ребенок в свой день рождения или на Рождество прорывается сквозь оберточную бумагу к подаркам. Одно за другим дорогостоящее содержимое подарочных коробок отлетает в сторону, едва удостоившись одного беглого взгляда. Маме ребенка становится неловко ввиду отсутствия у него энтузиазма и благодарности, поэтому она начинает взывать к нему: «О Мартин, ты только посмотри, что это такое? Это же маленький магнитофон! Что нужно сказать бабушке? Подойди, обними бабушку. Ты слышишь меня, Мартин? Подойди к бабушке, поцелуй и обними ее!»

Мартин, возможно, решит издать соответствующие звуки в адрес бабушки. А может быть, он этого делать не станет. Отсутствие чувства благодарности в ребенке получается в результате того факта, что награды и подарки, которые достаются слишком легко, никогда не ценятся, сколько бы они ни стоили для того, кто их покупает.

Есть еще одна причина, почему ребенку не стоит покупать все, что, как он считает, он хочет получить. Мои слова, возможно, прозвучат для вас парадоксом, однако вы фактически лишаете его удовольствия, когда даете ему слишком много. Классический пример принципа насыщения можно видеть каждый год в моем доме в День благодарения. Наша семья благословлена несколькими великолепными кулинарами, которые творят на кухне буквально чудеса, и раз в год они превосходят самих себя. Традиционный обед в День благодарения состоит из индейки с начинкой, клюквенного соуса, картофельного пюре, сладкого картофеля, горошка, горячих булочек, двух видов салата и шести или восьми других блюд.

До сердечного приступа, который случился со мной в 1990 году, я присоединялся к семье в ее постыдном, но изумительно вкусном гастрономическом ритуале в это благодатное время. Мы ели до тех пор, пока не начинали испытывать дискомфорт, однако старались оставить место для десерта. Затем на столе появлялся яблочный пирог, бисквит и салат из фруктов. Казалось, уже невозможно было проглотить ни одного куска, и все же мы поглощали эту вкуснятину тоже. Наконец, туго набитые члены семьи начинали медленно расходиться прочь от своих тарелок, в поисках места, где можно было бы уложить себя.

Позже, около трех часов дня, внутреннее напряжение начинало спадать, и кто-нибудь передавал по кругу сладости. Наступало время ужина, но голодных не было. Однако мы все пришли, чтобы трижды сесть за стол. Теперь ужу сэндвичи с индейкой сначала появились на столе, а потом оказались у нас внутри, после чего последовал еще кусок яблочного пирога. К тому времени каждый сидел со слегка отупевшим выражением лица, бездумно поедая то, чего не хотел есть и что ему не приносило уже никакого удовольствия. Этот нелепый ритуал продолжался дня два или три, пока сама мысль о еде не становилась невыносимой. И если еда, как правило, представляет собой одно из величайших удовольствий в мире, она теряет всякий смысл, если аппетит человека уже удовлетворен.

Во всем этом можно увидеть более широкий смысл. Человек получает удовольствие, когда он удовлетворяет свою серьезную нужду в чем-то. Если нужды нет, то нет и удовольствия. Стакан обычной воды стоит дороже золота для человека, который умирает в пустыне от жажды. Аналогия с детьми более чем очевидна. Если вы никогда не позволите ребенку сильно желать чего-то, он никогда не познает радость получения. Если вы купите ему трехколесный велосипед еще прежде, чем он научится ходить, а велосипед до того, как он научится кататься на трехколесном, машину прежде, чем он научится ее водить, и бриллиантовое кольцо прежде, чем он познает ценность денег, он примет эти дары с минимумом удовольствия и признательности. Как жаль, что у такого ребенка нет шанса к чему-то стремиться и чего-то желать, мечтать по ночам и думать об этом день за днем. Его стремление получить желанное может стать настолько большим, что он предложит заработать его. Те же подарки, которые у одного вызывают зевоту, для другого могут стать трофеем и сокровищем. Я предлагаю вам показать ребенку восторг временных лишений, это намного увлекательнее и намного дешевле.

Прежде чем попрощаться с этой мыслью, позвольте мне поделиться соответствующей иллюстрацией из последних дней моего отца. Он пережил обширный инфаркт, в результате чего врачи не могли обещать полного выздоровления. Когда он размышлял о собственной кончине, то испытывал еще больший восторг от жизни. Ему было интересно все в созданном Богом мире, начиная от наук и заканчивая искусством. Он изучал и даже подружился с птицами, которые слетались во двор за нашим домом. Он дал им всем имена, а многие ели у него прямо из рук. Это привело к одному поразительному случаю.

По какой-то причине одна мама-птица бросила своих четверых птенцов прежде, чем они выросли и могли о себе позаботиться сами. Поэтому вся семья Добсонов приложила все усилия к тому, чтобы спасти птенцов. Следует признать, что эти птицы принадлежали к презренному, инфицированному болезнями племени, но моего отца всегда привлекали все те, кто испытывал *реальную нужду*. Поэтому началась самая настоящая спасательная кампания. Пару недель спустя я получил от матери письмо, в котором она писала, что произошло с их маленькими пернатыми друзьями.

Дорогая семья! Если бы я могла писать, как ты, Джим, я бы на страницах письма оживила последние одиннадцать дней, которые мы с твоим отцом прожили в мире птиц. Как ты знаешь, четыре выживших птенца, Эни, Мени, Мини и Моэ, были извлечены из гнезда, находившегося под крышей, и мы их всех усыновили. Они были покрыты редким пушком, а их тельца, казалось, состояли из ног, крыльев и ртов. Они постоянно пищали, требуя пищи, после которой отчаянные крики превращались в умиротворенную колыбельную. Они выросли из своего первого уютного гнезда, и твой папа перенес их в большую коробку, из которой они не смогли бы выбраться. Он сделал единственное отверстие в коробке над их головой для доступа воздуха. Казалось, они понимали, что за отверстием течет настоящая жизнь, поэтому толпились посередине, задирая головы вверх и громко попискивая. Когда над коробкой появлялась голова отца вместе с нашим псом Бенджи, все четыре птенца раскрывали свои желтые клювики и выкрикивали: «Червя! Червя!»

Птенцы росли, и отец иногда сажал их на обрубок дерева во дворе. Бывало, они спрыгивали на землю и ходили за ним по двору, тесно прижимаясь к его ботинкам, вынуждая делать крошечные шажки.

С самого начала мы не были уверены в том, чем их следует кормить. Твой папа давал им мягкий хлеб и молоко. Обмакивая хлеб в молоко, он вкладывал крошки в их раскрытый клюв, вместе с червями, зерном и несколькими каплями воды из пипетки. Однако на девятое утро мы обнаружили Моэ мертвым. Что делать? На десятое утро умер Мени. Вечером одиннадцатого дня папа посмотрел на оставшихся двух птенцов. Пока он смотрел, Мини коротко пискнул, упал, вытянул ножки и умер. Так Эни остался один, самый стойкий из всех птенцов, с сильным характером и жаждой жизни. Но сегодня утром в его ослабевшем голосе зазвучало отчаяние. Он прожил только до полудня. Когда Джим наклонился над коробкой, Эни узнал его, потянулся к нему и, пискнув в последний раз, тоже умер.

Мы оба сильно грустили. Нам почему-то не удалось спасти беспомощные создания, которые так старались выжить, чтобы потом летать в прекрасном небе. Любовь твоего отца к этим незначительным пташкам и его скорбь по поводу их утраты показывает истинную душу человека, за которого я вышла замуж и с которым прожила сорок три года. Теперь всем понятно, почему я люблю его?

Твоя мама

Человек, которого моя мама так любила, недолго прожил в этом мире после того случая. Он умер через месяц, сидя за обеденным столом. Последними его словами, прежде чем он упал ей на руки, была молитва благодарности за еду, которую он так и не успел отведать.

А что с птенцами? Самое вероятное объяснение их неспособности выжить заключается в том, что мой отец просто перекормил их. Его обманули их беспрерывные и жалобные крики. В попытке удовлетворить их нужду мой отец убил птиц, которых так отчаянно пытался спасти.

Вы понимаете, к чему я клоню? Мы, родители, в своей великой любви к детям тоже можем причинить им непоправимый вред, удовлетворяя их желание иметь больше, больше, больше… Бывают ситуации, когда лучшим ответом на их просьбу будет короткое слово «нет».

5. *Найдите золотую середину между любовью и дисциплиной.* Теперь мы подходим к пониманию того фундамента, на котором строятся взаимоотношения между родителями и детьми. Этот фундамент следует искать в равновесии между любовью и дисциплиной. Взаимодействие этих двух аспектов очень важно, и его даже можно назвать формулой эффективного родительского воспитания.

Мы уже рассматривали первый фактор, дисциплинарный контроль, а также то, как действуют на ребенка две крайности, выраженные в подавлении его воли и во вседозволенности. Другой компонент воспитания, родительская любовь, также играет очень важную роль. Без любви хотя бы одного из родителей (или человека, выполняющего функции родителя) в семье дети вянут, как растения без воды.

Уже многие десятилетия всем известно, что если младенца не любить, не прикасаться и не ласкать его, он может умереть от странной болезни, которую вначале назвали маразмом. Организм таких детей просто увядает, и они не доживают даже до своего первого дня рождения. Свидетельства этой эмоциональной нужды были получены еще в тринадцатом веке, когда Фридрих II провел эксперимент с пятьюдесятью младенцами. Ему хотелось узнать, на каком языке они будут разговаривать, если прежде никогда не слышали произнесенного слова. Чтобы провести этот сомнительный опыт, он назначил приемных матерей, которые купали и кормили детей, но им запрещено было ласкать, гладить или разговаривать с подопечными. Этот опыт закончился весьма плачевно, потому что все пятьдесят детей умерли. Более сотни современных исследований подтверждают тот факт, что взаимоотношения матери и ребенка в первый год жизни младенца особенно важны для выживания ребенка. Нелюбимый ребенок являет собой воистину самое печальное зрелище во всей природе.

Если отсутствие любви имеет предсказуемые последствия в жизни детей, то далеко не все знают, что чрезмерная любовь тоже опасна. Я думаю, что некоторые дети в значительной степени испорчены чрезмерной заботой или тем, что люди называют любовью. На современном этапе истории некоторые американцы особенно ориентированы на детей. Все свои надежды, мечты, желания и амбиции они связывают со своим потомством. Естественным результатом подобной философии может быть чрезмерная защита следующего поколения.

Однажды я имел разговор с одной озабоченной мамой, которая заявила, что ее дети были единственным источником радости в этой жизни. Долгими летними месяцами она проводила все свое время у окна, наблюдая, как играют ее три девочки. Она боялась, что они поранятся и им потребуется ее помощь или они выедут на улицу на велосипедах. Она пожертвовала всеми остальными обязанностями в семье, несмотря на энергичные протесты мужа. У нее не было времени на приготовление обедов или уборку дома, ее единственной функцией стало наблюдение из окна за дочерьми. Она мучительно переживала известные и неизвестные опасности, которые могли угрожать ее любимым дочерям.

Детские болезни и внезапные опасности всегда трудно переживаются любящими родителями, но чрезмерно обеспокоенные мама или папа испытывают невыносимую тревогу из-за малейшей угрозы. К сожалению, в таких случаях страдают не только родители, поскольку невольной жертвой этих эмоций становится их ребенок. Ему не разрешается какой бы то ни было разумный риск, а риск — это необходимое условие для роста и развития. Точно таким же образом чрезмерный акцент на материалистических проблемах, о которых мы рассуждали в предыдущем разделе, достигает особо больших масштабов в семьях, где детям не отказывают ни в чем. Другим частым следствием чрезмерной защиты и опеки может стать эмоциональная незрелость человека.

Следует упомянуть еще одно неприятное обстоятельство, которое часто можно встретить в нашем обществе. Оно присутствует в домах, где мама с папой представляют собой две противоположности или крайности в сфере контроля. Ситуация обычно следует хорошо знакомой модели: папа очень занятой человек и много работает. Он отсутствует с утра до ночи, а когда возвращается, приносит с собой портфель, заполненный деловыми бумагами, с которыми нужно поработать дома. Возможно, он часто уезжает в командировки. В редкие часы, когда он бывает дома и не работает, он чувствует себя утомленным. Он падает перед телевизором и смотрит футбол, а потому ему мешать нельзя. Соответственно, его подход к воспитанию детей суров и не отличается состраданием. Он часто раздражается, и дети быстро привыкают держаться от него подальше.

Мама, напротив, всегда рядом, чтобы оказать помощь. Дом и дети — источник ее радости, собственно, они заменяют ей романтический пыл, который давно угас в ее супружеской жизни. Ее беспокоит отсутствие в муже признаков привязанности к ней и мягкости к детям. Она считает, что должна компенсировать его суровость своими действиями в другом направлении. Когда он отправляет детей спать без ужина, она тайком приносит им молоко и печенье. Поскольку в отсутствие отца она представляет собой единственный авторитет для детей в семье, преобладающий тон в семье сводится к расплывчатому попустительству. Она слишком жалеет детей, чтобы рисковать и пытаться управлять ими.

Оба родительских символа противоречат друг другу в своем авторитете, и дети колеблются где-то посредине между ними. В такой семье дети не уважают никого из родителей, потому что каждый из них убил авторитет другого. Я заметил, что такого рода формы авторитета, нацеленные на самоликвидацию, начинены часовым механизмом, который взрывается в подростковом возрасте и приводит к бунту и мятежу. Самые враждебные и агрессивные подростки, насколько я знаю, выходят из семей с прямо противоположными родителями.

Повторю еще раз: если мы хотим вырастить здоровых и ответственных детей, нам следует искать золотую середину между любовью и контролем.

ЗАКЛЮЧЕНИЕ

Чтобы меня правильно поняли, я хочу подчеркнуть свою позицию через утверждение обратного. Я не хочу, чтобы в вашей семье царили жестокость и диктат. Я не предлагаю, чтобы вы каждое утро шлепали детей за завтраком, и не предлагаю посадить детей в гостиной со сложенными руками и скрещенными ногами. Я не советую вам пытаться сделать из своих детей взрослых, чтобы произвести впечатление на друзей своим педагогическим талантом. Я также не предлагаю вам наказывать детей изощренными или причудливыми способами, вынуждая их кричать и плакать, в то время как они не понимают, что же они сделали не так. Я не предлагаю вам наносить ущерб чувству собственного достоинства и авторитету, пытаясь выглядеть холодными и недоступными. Такая родительская тактика не поможет вам вырастить здоровых и ответственных детей. Напротив, я рекомендую простой принцип: когда дети не повинуются, решительно одерживайте победы. Когда ребенок спрашивает: «Кто здесь главный?» — ответьте ему. Когда он бормочет: «Ты меня любишь?» — возьмите его на руки и окружите теплом и любовью. Обращайтесь с ним уважительно, цените его достоинство и ожидайте того же от него. А затем начинайте радоваться сладким плодам компетентного родительского воспитания.

ГЛАВА 4

Вопросы и ответы

Воспитание детей стало таким спорным и эмоциональным вопросом, особенно в свете современного расцвета насилия над детьми, что весьма велика вероятность неправильного понимания многих принципов на эту тему, о которых говорится в этой книге. Чтобы выявить философию моей позиции, на основании которой я пишу, я включил в нашу книгу вопросы и ответы, которые когда-то были заданы реальными родителями во время моих личных встреч с ними. Может быть, эти вопросы помогут обрести плотью построенной мной структуре.

В. *Вы говорили о планах, которые должны составить родители, об осознанной цели в их подходе к воспитанию. Имеете ли вы в виду также дошкольников? К чему конкретно можно стремиться в воспитании ребенка в возрасте от полутора до пяти лет?*

О. Существует две истины, которые вам следует донести до дошкольника и даже до ученика младших классов. Это (1) «Я люблю тебя, малыш, больше, чем ты можешь себе представить. Ты драгоценность для меня (и папы)» и (2) «Поскольку я тебя очень сильно люблю, я должна научить тебя слушаться. Только так я смогу позаботиться о тебе и защитить от всего, что может причинить тебе вред». Давайте посмотрим, что говорит нам Библия: «Дети, повинуйтесь своим родителям в Господе, ибо сего требует справедливость» (Еф. 6:1). Это краткий ответ на исключительно важный и сложный вопрос, но, может быть, он поможет вам начать формулировать собственную философию воспитания.

В. Мы часто слышим о важности общения между родителями и детьми. Если подавить упрямство ребенка, каким образом он сможет выразить свою враждебность и обиду, которую время от времени испытывает?

О. Ребенок имеет право сказать родителям все, что *захочет*, включая «я не люблю тебя» или «так нечестно, мама». Не следует подавлять этого выражения истинных чувств, если они выражены в уважительной манере. Между приемлемым и неприемлемым поведением в этой области лежит тонкая грань. Выражение ребенком сильных чувств и даже гнева и обиды следует поощрять, если они возникают. Но родители должны запретить ребенку грубые слова и оскорбления, а также открытое выражение своего недовольства и мятежного духа. Вполне приемлемо, например, сказать так: «Папа, ты оскорбил мои чувства прямо перед моим другом, и ты обидел меня». «Ты, идиот, почему ты не заткнулся, когда рядом стоял мой друг?» — абсолютно неприемлемый вариант разговора. При разумном подходе к этому вопросу, как мы показывали в первом случае, отец поступит мудро, если сядет рядом с ребенком и попытается понять его точку зрения. Папе следует быть сильным и благородным, чтобы не постесняться попросить у ребенка прощения, если он чувствует себя виноватым. Но если отец был прав, ему следует спокойно объяснить, почему он реагировал подобным образом, и сказать, что нужно сделать ребенку, чтобы в следующий раз он мог избежать подобного столкновения. Вполне можно общаться, не жертвуя при этом авторитетом родителя, поэтому ребенка нужно учить тому, как правильно выражать чувство недовольства. Эти коммуникативные навыки впоследствии помогут ему во взрослой жизни.

В. *У нас есть приемный ребенок, которого мы приняли в семью, когда ему было два года. Первые годы своей жизни он прожил в страхе. Мы с мужем его жалели и просто не могли заставить себя наказывать его даже тогда, когда он этого заслуживал. Мы также считали, что не имеем права быть по отношению к нему строгими, поскольку мы ему не родные родители. Правильно ли мы поступаем?*

О. Думаю, вы совершаете ошибку, распространенную среди приемных родителей. Они слишком жалеют своих приемных детей, а потому не хотят конфликтовать с ними. Они считают, что жизнь и так достаточно сурово обошлась с этими малышами, и стараются не усугублять ситуацию применением дисциплинарных мер. Как вы сами сказали, у таких родителей часто возникает ощущение, что они не имеют права предъявлять какие-то требования к приемному ребенку.

Такое ведомое чувством вины отношение приводит к неприглядным последствиям. Пришедшие в новую семью дети имеют такую же нужду в руководстве и дисциплине, как и те, что растут вместе со своими биологическими родителями. Вы наверняка воспитаете неуверенного в себе ребенка, если всем своим отношением к нему покажете, что он не такой, как все, необычный или слишком уязвимый. Если родители смотрят на него, как на несчастное существо, нуждающееся в постоянной опеке, он увидит себя точно таким же.

Родителям больных детей или детей с особыми нуждами тоже трудно дисциплинировать своих детей. Ребенок с парализованной рукой или другой несмертельной болезнью может превратиться в маленького террориста только потому, что родители не установили для него обычные стандарты и нормы поведения. Следует помнить, что потребность в руководстве и воспитании практически универсальна для каждого ребенка. Эта нужда не исчезает с появлением других проблем и трудностей. В некоторых случаях другие проблемы, напротив, усиливают желание иметь границы в поведении, ибо через контроль в любви родители показывают ребенку необходимость уважения к себе.

Позвольте мне сделать еще одно замечание относительно усыновленного ребенка, на которое стоит обратить внимание. Я ответил бы на поставленный вопрос иначе, если бы ребенок прежде подвергался физическому насилию. В случае, если ребенка раньше избивали и/или как-то иначе причиняли физическую боль, телесное наказание применять не стоит. Болезненные воспоминания не дадут ребенку понять исправительный характер наказания. Для ребенка, пострадавшего от насилия, понадобятся другие формы дисциплины и щедрое проявление любви.

В. *Считаете ли вы необходимым приучить ребенка в домашней обстановке к таким словам, как «спасибо» и «пожалуйста»?*

О. Думаю, обязательно. Требование говорить такие слова можно считать еще одним методом напоминания ребенку, что он не является центром вселенной, которая вращается только ради его удовольствия. Родители кормят ребенка, покупают ему вещи и дают их ему, но ребенок, со своей стороны, должен научиться определенному отношению в ответ на заботу родителей. Как я уже указывал, ребенка следует научить признательности, а этот процесс обучения начинается с элементарной вежливости.

В. *Мы с мужем разошлись, так что мне приходится самой решать все вопросы, связанные с дисциплиной. Есть ли какая-то специфическая разница между моим положением и положением родителей в полной семье?*

О. Совсем нет. Принципы правильного воспитания остаются теми же, независимо от того, кто из родителей воспитывает ребенка. Осуществление процедуры воспитания становится более сложным делом для одинокого родителя, как вы, потому что вас некому поддержать, когда дети начинают не слушаться. Вам приходится исполнять роль и отца, и матери, а это дается нелегко. Тем не менее дети по этой причине не будут более снисходительны. Вам придется завоевать их уважение, иначе вы его не получите.

В. *Вы говорили о необходимости установления конкретных границ в поведении даже дома. Неужели детям действительно нужны границы, определяющие их поведение?*

О. Вне всякого сомнения! Имея конкретный опыт в данном вопросе, я абсолютно уверен в этом. Они черпают уверенность именно в осознании того, где пролегают эти границы и кто следит за их выполнением. Пожалуй, для понимания этого утверждения следует привести один пример. Представьте себе, что вы ведете машину через Королевское ущелье в штате Колорадо. Мост висит над ущельем на высоте в несколько сот метров, и человек, впервые решившийся переехать этот качающийся мост, чувствует себя очень неуверенно. (Я знаю одного малыша, который был настолько потрясен открывшимся с моста видом, что сказал: «Ух ты, папа! Если ты упадешь с моста, ты все время будешь умирать!») А теперь представьте, что с обеих сторон моста нет ограждений. Каким образом вы будете вести машину в этих условиях? Прямо по центру дороги! Конечно, вы не собираетесь тыкаться в заградительные перила у края дороги, но само их присутствие придает вам чувство безопасности.

Это эмпирическая аналогия с детьми. В первые дни движения за прогрессивное воспитание один теоретик-энтузиаст ради эксперимента убрал сетчатый забор, ограждавший двор в одном детском саду. Он думал, что дети почувствуют больше свободы в движении без видимых барьеров, окружающих их двор. Однако когда это ограждение убрали, малыши собрались в кучу посреди двора. Они не только не разошлись по всей территории, но даже не подошли к краю прежде огороженного двора.

В рамках определенных границ человек чувствует себя в безопасности. Когда дома атмосфера такая, какой ей следует быть, дети испытывают чувство полной безопасности. Они никогда не попадают в беду, если осознанно не лезут на рожон. И до тех пор, пока они находятся в пределах установленных границ, они пребывают в состоянии счастья, свободы и принятия. Если это именно то, что подразумевает «демократия» в семье, тогда я голосую за демократию. Если она означает отсутствие границ или установление границ самими детьми в противовес позиции родителей, тогда я выступаю категорически против нее.

В. *Вседозволенность — понятие относительное. Пожалуйста, поясните, что вы имеете в виду под этим словом.*

О. Когда я говорю о вседозволенности, то подразумеваю отсутствие эффективного родительского авторитета, что в результате приводит к отсутствию сдерживающих факторов в поведении ребенка. Это слово означает терпимость к неуважению со стороны ребенка, к его непослушанию и общему беспорядку, который воцаряется в случае отсутствия руководства со стороны взрослых людей.

В. *Я никогда не шлепала мою трехлетнюю дочь, потому что боюсь, что она в ответ начнет драться с другими детьми и станет агрессивным человеком. Вы думаете, что я поступаю неправильно?*

О. Вы задали очень важный вопрос, который отражает широко распространенное заблуждение относительно воспитания детей. Во-первых, позвольте подчеркнуть, что вполне *возможно* и даже легко воспитать агрессивного и несдержанного ребенка, если он видел подобное поведение дома. Если его без повода били жестокие и негативно настроенные родители или если он наблюдал агрессивный стиль отношений между взрослыми, если он чувствует себя в семье никому не нужным и недостойным любви, он обязательно заметит, по каким правилам ведется игра. Таким образом телесное наказание, которому ребенок подвергается без соблюдения принципиальных директив, становится действительно опасным. Статус родителя не дает вам *никакого права* бить и запугивать ребенка только потому, что у вас выдался неудачный день или плохое настроение. Именно поэтому соответствующие государственные органы выступают против применения такого рода несправедливого телесного наказания.

Однако не следует вообще отвергать телесное наказание только потому, что возможны случаи неправильного его применения. Многие дети отчаянно нуждаются в подобном разрешении проблемы с их непослушанием. Когда ребенок вполне понимает, что его просят сделать или не делать, но отказывается повиноваться приказу взрослых, шлепки могут стать самым быстрым и эффективным путем к исправлению подобного отношения. Когда он опускает голову, сжимает кулаки и всем своим видом дает понять, что готов к сражению, справедливость должна быстро и красноречиво сказать свое решающее слово. Такое наказание не только не вызовет в ребенке агрессивности, оно поможет ему контролировать собственные импульсы и жить в гармонии с разными формами власти в своей жизни. Почему? Потому что это есть гармония с самой природой. Подумайте о цели незначительной боли в жизни ребенка.

Предположим, двухлетний Питер потянул на себя скатерть, и ваза с розами, стоявшая на столе, упала прямо ему на голову. Благодаря этой боли он узнает, что опасно тянуть скатерть со стола, тем более, если он не знает, что стоит на столе. Прикоснувшись к горячей плите, он быстро узнает о том, что к высокой температуре нужно относиться почтительно. Даже если он доживет до ста лет, он больше никогда не прикоснется к раскаленной докрасна спирали в печи. Те же уроки он извлекает из собственного опыта, когда тянет собаку за хвост и тут же на его руке отпечатывается ровный ряд собачьих зубов или когда пытается взобраться на высокий стул и на себе выясняет, как работает закон силы тяжести.

В течение трех или четырех лет он коллекционирует ушибы, ссадины, царапины, ожоги, и каждый случай учит его тому, что существуют определенные границы. Но разве эти уроки делают его агрессивным? Нет! Боль, ассоциирующаяся с этими событиями, учит его избегать совершения одних и тех же ошибок. Бог создал этот механизм в качестве ценного метода обучения.

Когда родитель применяет шлепки в разумных пределах в ответ на непослушание, ребенок получает то же невербальное сообщение. Он должен понять, что опасностей следует избегать не только в физическом мире. Он должен помнить о таких опасностях в социальном мире, как неповиновение, упрямство, несдержанность, эгоизм, ибо они тоже могут угрожать его жизни. Незначительная боль, которая ассоциируется с осознанным и преднамеренно дурным поведением, способна его сдержать точно так же, как дискомфорт формирует поведение человека в физическом мире. Ни один из этих аспектов не способствует возникновению ненависти, не вызывает обиды и не делает ребенка более агрессивным.

Более того, детям, которых любящие родители подвергали телесным наказаниям, совсем нетрудно понимать смысл и суть наказания. Я вспоминаю своих добрых друзей Арта и Джинджер Шинглер, у которых есть четверо прекрасных детей, которых я очень люблю. Один из них пережил тяжелый период жизни, когда он буквально «напрашивался» на наказание. Эти конфликты достигли своей кульминации в ресторане, где мальчик безобразничал, как только мог. Наконец, Арт отвел его на парковку и от души отшлепал. Женщина, проходившая мимо, увидела эту сцену и была вне себя от возмущения. Она стала ругать отца за «насилие» над ребенком и сказала, что позвонит в полицию. В ответ на это ребенок перестал плакать и спросил своего отца: «Что с ней, папа?» Ребенок понимал смысл наказания в отличие от своей «спасительницы». Ребенок, осознающий, что в его семье царит любовь, не будет обижаться на заслуженное наказание. Но вот ребенок, чувствующий себя нелюбимым или ненужным, возненавидит *любую форму дисциплины!*

В. *Вы думаете, что нужно шлепать ребенка за любую провинность или случай непослушания?*

О. Нет. Телесное наказание не должно быть частым видом коррекции. Бывают ситуации, когда ребенка следует посадить на стул, чтобы он «подумал» о своем поведении, или же ему можно запретить заниматься любимым делом и отправить в комнату «успокоиться», или заставить работать тогда, когда он собирался поиграть. Другими словами, нужно варьировать вашу реакцию на плохое поведение, всегда опережая ребенка хотя бы на один шаг. Ваша цель заключается в реакции, которая всегда будет направлена во благо ребенку и в соответствии с его «преступлением». В этом смысле родители в первую очередь должны проявлять мудрость и тактичность.

В. *По какому месту можно шлепать ребенка?*

О. Шлепки следует ограничить областью ягодиц, где вряд ли можно причинить большой вред несильными шлепками. Я не считаю возможным бить ребенка по лицу или дергать его за руки. Обычная форма повреждений, с которыми доставляют детей в травматологические отделения детских больниц, это вывих плечевых суставов. Родители сердито дергали крошечных детей за руки, что приводило к вывиху в плече или локте. Если вы шлепаете ребенка только по попе или по ножкам, думаю, это пойдет ему только на пользу.

В. *Есть ли люди, которым никогда не следует шлепать ребенка?*

О. Никто из тех, кто когда-то применял насилие по отношению к ребенку, не имеет права провоцировать себя на это снова. Никто, кому в глубине сердца «нравится» применять телесное наказание, не имеет права снова применять его. Если человек чувствует, что может легко потерять над собой контроль, он не должен применять *никаких* физических наказаний. Бабушки и дедушки тоже не должны прибегать к телесным наказаниям своих внуков, *если только* родители не дали им такое право.

В. *Не думаете ли вы, что телесные наказания вскоре отменят?*

О. Вполне вероятно. Огромные масштабы насилия по отношению к детям затруднили понимание разницы между жестокостью к детям и конструктивными и позитивными формами физического наказания. В западном мире есть люди, которые не успокоятся до тех пор, пока правительство не вмешается во взаимоотношения родителей и детей силой закона. Это уже случилось в Швеции, и средства массовой информации, похоже, пытаются внедрить те же законы в Соединенных Штатах. Этот день станет весьма печальным для семьи. Насилие над детьми увеличится, а не уменьшится, поскольку отчаявшиеся родители будут взрываться, не имея возможности правильно и вовремя отреагировать на непослушание и непокорность.

В. *Существуют разные мнения относительно того, чем шлепать ребенка — рукой, ремнем или хворостиной. А что рекомендуете вы?*

О. Я рекомендую какой-нибудь нейтральный предмет. Для тех, кто не соглашается с этим аспектом, я предлагаю поступать так, как они полагают нужным. Я не считаю этот вопрос принципиальным. Я предлагаю прут или тростинку, потому что рука должна олицетворять объект любви, она нужна для того, чтобы обнимать, прижимать, гладить и ласкать. Но если вы привыкли, недолго думая, шлепать рукой, ваш ребенок может вздрагивать каждый раз, когда вы внезапно поднимаете руку, чтобы, например, почесать себе затылок. Такого не случится, если вы будете использовать для наказания какой-то посторонний предмет.

Моя мама всегда использовала для этого маленький прутик, который никак *не мог* причинить серьезный вред. Однако он мог причинить резкую боль, которая весьма вразумительно доносила до меня то, что хотела сказать мама. Однажды, когда я довел ее до белого каления, она отправила меня на задний двор, чтобы я нарезал инструмент для собственного наказания. Я вернулся с крошечным прутиком менее двадцати сантиметров длиной. Таким прутиком можно было только пощекотать, но не наказать. После этого она никогда больше не посылала меня за орудием наказания.

Как я уже говорил ранее, некоторые люди, особенно те, кто выступает против телесных наказаний, считают, что использование нейтрального предмета с этой целью равносильно жестокому насилию над детьми. Я понимаю их озабоченность, особенно в тех случаях, когда родители верят, что «сила всегда права», или когда они могут потерять контроль над собой и причинить ребенку реальный вред. Поэтому взрослые всегда должны хранить равновесие между любовью и контролем независимо от методов дисциплинарного воздействия.

В. *В каком возрасте следует начать шлепать ребенка? И в каком возрасте телесные наказания нужно прекратить?*

О. Нет оправданий случаям телесного наказания грудных младенцев или детей младше полутора лет. Ребенок может получить сотрясение мозга и даже умереть, если его трясет взрослый человек. Но ближе к двум годам (начиная примерно с полутора лет) дети уже способны понимать то, что им велят или не велят делать. Их нужно осторожно и мягко начать приучать к ответственности за свое поведение. Предположим, ребенок тянется к электрической розетке или чему-то другому, что может причинить ему вред. Вы говорите «нельзя», он смотрит на вас и продолжает тянуться. Вы можете увидеть на его лице вызывающую улыбку, потому что он собрался в любом случае сделать то, что задумал. Я рекомендую вам в такие моменты шлепнуть его по пальчикам, чтобы он ощутил небольшую боль. Незначительная боль в этом возрасте оказывает сильное воздействие на ребенка и начинает знакомить его с реалиями этого мира и важностью того, что говорят ему взрослые.

В конце детского возраста не бывает волшебного периода, когда наказание становится ненужным, потому что дети отличаются друг от друга во всех сферах своего развития, включая эмоциональный аспект. Но в качестве общего указания я утверждаю, что от *большей части* телесных наказаний следует отказаться до начала школьного периода (то есть в шесть лет). Его следует резко сократить и прекратить вовсе в возрасте от десяти до двенадцати лет.

В. *Если совсем маленький ребенок естественным образом нарушает все правила, не следует ли наказывать его за непослушание?*

О. Многих шлепков и ударов, раздаваемых совсем маленьким детям, можно и нужно избежать. Дети нарываются на неприятности из-за своего естественного желания потрогать, попробовать на вкус, укусить, понюхать и разбить все, что находится в пределах их досягаемости. Однако такое стремление вовсе не означает агрессивность. Это ценный метод познания, который следует поощрять. Я видел родителей, которые шлепали своих двухлетних детей в течение всего дня только за их желание исследовать этот мир. Подавление нормальной любознательности несправедливо по отношению к малышам. Глупо ставить дорогую безделушку там, где она может спровоцировать малыша на знакомство с ней, чтобы потом отругать его за то, что он клюнул на эту приманку. Если маленькие толстенькие пальчики так рвутся потрогать фарфоровые чашки на нижней полке, лучше отвлечь ребенка чем-то интересным, чем наказывать его за настойчивость. Малыши не смогут противиться соблазну и постараются заполучить новую игрушку. Их очень легко заинтересовать менее хрупкими вещами, и родителям следует иметь в запасе какие-то альтернативы на такой случай.

Так когда же можно подвергнуть малыша наказанию? Когда он открыто противится ясному приказу родителя. Если его зовут, а он бежит в противоположную сторону, демонстративно бросает чашку с молоком на пол, бежит по улице, когда ему велят остановиться, кричит и устраивает истерики, когда его укладывают спать, бьет своих друзей — все это формы неприемлемого поведения, которое следует остановить. Однако даже в таких ситуациях не всегда требуются шлепки, чтобы отучить ребенка от подобных поступков. Строгие и легкие удары по пальцам или сидение на стуле в течение нескольких минут донесут до него то же послание с не меньшей убедительностью. Шлепки следует приберечь для наибольшей агрессивности со стороны ребенка, которая обычно проявляется после трех лет.

Считаю очень важным подчеркнуть один момент, который я уже упоминал прежде. Ранние годы исключительно важны для формирования у малыша отношения к власти вообще. Его следует терпеливо и настойчиво учить повиновению, не ожидая в ответ поведения, свойственного старшим детям.

Не отказываясь от всего того, о чем говорилось ранее, я также должен отметить, что твердо верю в беспристрастное применение милосердия (и юмора) во взаимоотношениях между родителями и детьми. В мире, где детей часто побуждают расти слишком быстро, их дух очень скоро может увянуть под постоянным критическим взглядом окружающих. Всегда радостно видеть, как родители сдерживают склонность к суровости мерой «безграничной милости». В наших домах всегда найдется место для прощения в любви. Точно так же нет ничего, что могло бы обновить и освежить нежный дух наших детей быстрее, чем жизнерадостная атмосфера, царящая в наших домах, и смех, который наполняет наши комнаты. Когда вы в последний раз слышали хорошую шутку?

В. *Иногда мы с мужем спорим по поводу воспитания в присутствии детей. Вы думаете, это недопустимо?*

О. Да, я так думаю. Вы с мужем должны договориться о безоговорочном выполнении решений, принятых одним из вас, и быть единогласны хотя бы в присутствии детей. Мудрость принятого решения можно обсудить позже. Но если вы будете открыто противоречить друг другу, то дети начнут сомневаться в правильности принимаемых вами решений.

В. *Как вы относитесь к идее семейных советов, на которых каждый член семьи имеет право голоса в определении решений, касающихся всей семьи?*

О. Хорошо, когда каждый член семьи знает, что все остальные ценят его мнение и точку зрения. Самыми важными решениями действительно следует делиться со всей семьей, потому что это великолепный способ создать атмосферу доверия и преданности семье. Однако вопрос о равном голосе для каждого заведет вас слишком далеко. Восьмилетнему ребенку не следует предоставлять права оказывать на семейные решения такое же влияние, каким обладают его родители. Все должны четко осознавать, что капитанами корабля являются мудрые и добрые родители.

В. *Мой сын слушается дома, но когда мы вместе выходим куда-нибудь, например в ресторан, мне трудно управлять им. Он заставляет меня испытывать смущение перед людьми. Почему это происходит? Как мне изменить эту ситуацию?*

О. Многим родителям не нравится делать замечания или наказывать детей в присутствии посторонних, когда за ними наблюдают критические глаза. Они настаивают на хорошем поведении дома, а в присутствии незнакомых людей ребенок чувствует себя «в безопасности». В такой ситуации легко увидеть восприятие ребенка. Он понял, что общественные места — это те убежища, где он может вести себя как угодно. Его родители связаны ограничениями, которые они наложили на себя сами. Средство от подобной напасти очень простое: когда маленький Роджер откажется повиноваться на публике, реагируйте на его непослушание точно так же, как дома, но только сначала отведите Роджера в уединенное место. Если же это ребенок старшего возраста, пообещайте ему разобраться с его поведением сразу же после возвращения домой. Роджер очень быстро поймет, что правила родителей применимы во всех местах и что убежища тоже нельзя считать безопасным местом для непослушания.

В. *Следует ли ребенка наказывать за то, что он мочится в постели? Как разрешить эту сложную проблему?*

О. Если это не акт непослушания, когда ребенок делает это, уже проснувшись, тогда речь идет о непроизвольном мочеиспускании (энурез), за которое он не несет ответственности. Наказание в таких случаях непростительно и опасно. Ребенок чувствует себя униженным, когда, проснувшись, обнаруживает, что постель мокрая, и чем старше он становится, тем хуже он себя чувствует. Родители должны набраться терпения и настойчиво поддерживать такого ребенка, тщательно скрывая это от людей, которые могут сделать эту беду объектом насмешек. Даже добродушные шутки на эту тему в кругу семьи обходятся слишком дорого, потому что ранят чувства ребенка.

Проблему недержания мочи исследовали многие ученые, и в каждом случае причины могут быть разными. Иногда это физиологические проблемы, связанные с маленьким размером мочевого пузыря или другими физическими причинами. Следует обратиться к педиатру или урологу, который поставит диагноз и назначит лечение этого заболевания.

В других случаях речь идет о проблеме эмоционального характера. Любые изменения в эмоциональной атмосфере в семье могут привести к непроизвольному мочеиспусканию. В летних лагерях персонал часто кладет в постель маленьких детей непромокаемые прокладки. Беспокойство, связанное с отъездом из дома, часто становится причиной недержания мочи в первые ночи. Кстати, непромокаемые прокладки весьма полезное приобретение для дома. Они, конечно, не разрешат проблему, но помогут справиться с последствиями недержания.

Есть третий фактор, который, на мой взгляд, является причиной энуреза в отличие от физических причин. В ранние месяцы и годы жизни малыши мочатся в постель, потому что они еще не выработали способности контролировать работу мочевого пузыря. Тогда некоторые родители начинают поднимать детей по ночам, чтобы высадить на горшок. Малыш продолжает крепко спать, в то время как мама велит ему сделать «пи-пи». Когда ребенок подрастает, и ночью возникает нужда помочиться, ему снится, что мама его поднимает с постели и велит сделать «пи-пи». Даже если он отчасти проснулся или его разбудили, ему все равно кажется, что его несут в туалет. Я бы рекомендовал родителям старших детей, которые продолжают мочиться в постель, перестать будить их по ночам даже в том случае, если они какое-то время будут делать это в постели.

Существуют другие средства, которые иногда могут помочь. Это электронные приспособления, которые звонят и будят ребенка в тот момент, когда моча замыкает электрическую цепь. Если проблема все же не разрешена, педиатр или уролог смогут помочь вам найти ее решение. Тем временем очень важно помочь ребенку сохранить уважение к самому себе, несмотря на все эти неприятности. И в любом случае, если вы недовольны, постарайтесь спрятать это чувство.

Здесь вам поможет чувство юмора. Однажды я получил письмо от одной мамы, которая написала о молитве своего трехлетнего сына: «А теперь я укладываю себя спать. Я закрываю глаза и мочусь в постель».

В. *Сколько времени ребенок предположительно может плакать после наказания, включающего шлепки? Есть ли какой-то конкретный временной лимит?*

О. Да, думаю, лимит должен быть. Пока слезы представляют собой настоящее высвобождение эмоций, они могут капать и дальше. Но такой плач может быстро перейти от внутренних всхлипываний к выражению протеста, имеющему целью наказать врага. Настоящий плач обычно длится минуты две и даже меньше, но многие дети растягивают рыдания до пяти минут. В такие моменты ребенок просто жалуется, и эти изменения можно увидеть по тону и интенсивности его голоса. Я бы потребовал прекращения протеста тем, что немного добавил бы того, от чего у него полились первые, настоящие слезы. В случаях с менее выраженным антагонизмом плач легко остановить, заинтересовав ребенка чем-нибудь другим.

В. *Я шлепала детей за непослушание, но, похоже, наказание помогает мало. Неужели подобный подход к некоторым детям неэффективен?*

О. Дети бывают настолько разные, что иногда удивляешься тому, что все они принадлежат к одной и той же человеческой семье. Одни дети чувствуют себя подавленными всего из-за строгого взгляда, а других можно привести в чувство только строгими и даже болезненными дисциплинарными методами. Обычно это происходит потому, что дети по-разному нуждаются в одобрении и принятии со стороны взрослых людей. Как я говорил ранее, основная задача родителей состоит в том, чтобы заглянуть вглубь, в душу ребенка, и привести методы наказания в соответствие с его уникальным восприятием.

Отвечая на поставленный вопрос, могу сказать, что в отсутствии эффективности виноват не сам метод. Дисциплинарные методы воздействия оказываются неудачными, как правило, по причине фундаментальных ошибок в их применении. Вполне возможно получить половину результатов из двойной порции наказаний. Я исследовал конкретные ситуации, когда дети игнорировали наказание и снова нарушали те же правила. Существует пять основных причин, объясняющих отсутствие положительных результатов.

1. *Самые распространенные проблемы возникают в результате редких и непредсказуемых наказаний.* За одни и те же нарушения дисциплины ребенка то наказывают, то не наказывают. Дети должны четко осознавать неизбежность справедливого возмездия. Если для них существует *хотя бы один шанс* поломки этой системы, некоторые из них обязательно повторят попытку нарушить дисциплину и избежать наказания.

2. *Ребенок может обладать более сильной волей, чем его родитель, причем они оба осознают это.* Если он выиграет локальный конфликт, он выиграет и более серьезные битвы, а значит, отвергнет наказание, как средство воздействия на него со стороны родителей. Волевые и упрямые дети достаточно сообразительны, чтобы интуитивно понять, что *нельзя позволить наказанию оказаться эффективным.* Таким образом, они стискивают зубы и готовы вытерпеть все ради победы. Ваша цель — выдержать и победить его, даже если для этого понадобится пройти несколько раундов. Эти переживания будут болезненными для обеих сторон, но награду вы получите уже завтра и послезавтра, и так далее.

3. *Родители вдруг начинают наказывать ребенка, хотя за год или за два до этого они ничего подобного не делали.* Ребенку понадобится какое-то время, чтобы отреагировать на новые процедуры, а родители в этот период приспособления ребенка к новым условиям могут потерять всякую уверенность. Но наберитесь терпения и знайте, что наказание через какое-то время будет эффективным, если его применять с постоянством и настойчивостью.

4. *Шлепки могут быть совсем безболезненными.* Если ребенок не испытывает боли, тогда на такое наказание не стоит тратить время. Легкий шлепок ладонью по упакованной в толстые памперсы попе ребенка, которому два с половиной года, не станут для него сдерживающим фактором. Нельзя заходить слишком далеко, однако нужно убедиться в том, что он прочувствовал ваше послание сполна.

5. *Для некоторых детей этот вид наказания просто неприемлем.* Гиперактивный ребенок с неврологическими нарушениями, например, станет еще более неуправляемым после применения телесных наказаний. Ребенок, переживший физическое насилие, отождествит наказание, продиктованное любовью, с ненавистью, которую он испытал в прошлом.

Слишком чувствительные дети требуют иного подхода. И еще: абсолютно необходимо знать и понимать конкретного ребенка для того, чтобы выяснить наиболее эффективное и самое безопасное для него наказание.

В. *Следует ли подвергать телесному наказанию подростков за непослушание и грубость?*

О. Нет! Подростки отчаянно нуждаются в том, чтобы их воспринимали как взрослых, и если к ним относиться как к детям, они будут сопротивляться изо всех сил. Шлепки в этом возрасте представляют собой оскорбление и унижение, и их ненависть к подобному виду наказания вполне можно понять. Кроме того, это не работает. Дисциплина для подростков должна подразумевать лишение привилегий, финансовые убытки и подобные формы нефизической кары. Будьте изобретательны!

Моя мама, следует отметить, была мастером окопной войны во время моих упрямых подростковых лет. Отец был занят служением и часто уезжал из дома, так что мама взяла ответственность за мое воспитание на себя. В этот период учителям довелось много вытерпеть. Меня несколько раз вызывали в кабинет к директору, где я выслушивал строгие выговоры и даже получил несколько раз резиновым шлангом (тогда это разрешалось). Подобные наказания, однако, не изменили мое дурное поведение, и мама уже отчаялась, видя мою безответственность и плохую успеваемость. Очень скоро ее терпению пришел конец.

Однажды после школы она села вместе со мной за стол и твердо сказала: «Я знаю, что ты ведешь себя в школе безобразно, пропускаешь занятия и не выполняешь домашние задания. Я также знаю, что у тебя проблемы во взаимоотношениях с учителями». (Казалось, у нее на службе состоит целый штат шпионов, которые докладывали ей все подробности моей личной жизни, хотя сегодня я думаю, что она просто была очень проницательной и внимательной с поразительными интуитивными способностями.) Далее она сказала: «Ну, что ж, я все обдумала и решила, что в твои дела я больше вмешиваться не буду. Я не буду наказывать тебя. Не буду лишать тебя всех твоих привилегий. Я даже больше говорить на эту тему не буду».

Я уже собрался улыбнуться в ответ на такой исход, когда она сказала: «Я хочу, однако, чтобы ты запомнил одну вещь. Если директор школы хотя бы раз вызовет *меня* в школу по поводу твоего поведения, я обещаю, что со следующего дня я пойду в школу вместе с тобой. Я буду держать тебя за руку перед всеми твоими друзьями в коридорах и за обедом, и я буду стоять рядом с тобой во время всех твоих разговоров в течение всего дня. Когда ты сядешь на свое место, я поставлю рядом с тобой свой стул или даже сяду рядом с тобой за парту. В течение всего дня я не отойду от тебя ни на шаг».

Это обещание привело меня в полный ужас. Если бы моя мама ходила за мной по пятам на глазах у моих друзей, это было бы социальное самоубийство! Невозможно было придумать наказания страшнее. Я уверен, учителя никак не могли понять причину мгновенного исправления моего поведения и поразительный скачок вверх в успеваемости к концу учебного года. Но все дело в том, что я не мог рисковать, не мог позволить маме получить роковой звонок от директора школы.

Моя мама знала, что угроза выпороть меня не будет самым эффективным источником мотивации для подростка. Поэтому у нее возникла более удачная идея.

В. *Моя четырехлетняя дочь часто прибегает домой в слезах, потому что кто-то из ее маленьких друзей ударил ее.*

Я учила ее не драться с детьми, но моя позиция делает ее жизнь несчастной среди сверстников. Что делать?

О. Думаю, вы поступили мудро, научив свою дочь не драться и не причинять боль другим, однако самозащита — совсем другое дело. Дети могут быть очень жестоки к беззащитному ребенку. Когда малыши играют вместе, каждый хочет получить самую лучшую игрушку и сам определить правила себе на пользу. Если они обнаружат, что могут одержать верх, просто сунув под нос своим товарищам кулак, кому-то в такой обстановке обязательно будет больно. Я уверен, что есть люди, которые не согласятся с этим мнением, но я думаю, что вам следует научить свою дочь в случае агрессии против нее дать сдачи.

Недавно я консультировал одну маму, которую тревожила неспособность ее маленькой дочери защитить себя. По соседству с ними жила одна девочка, которая била трехлетнюю Анну по лицу при малейшем своем недовольстве. Эта маленькая драчунья, Джоан, была маленького роста и очень женственная, но она никогда не получала сдачи, потому что Анну приучили к мысли о том, что драться плохо. Я посоветовал матери Анны велеть девочке ударить Джоан в ответ, если та ударит первой. Несколько дней спустя мать услышала громкие крики на улице, после чего последовала короткая потасовка. Потом Джоан заплакала и ушла домой. Анна вошла небрежной походкой в дом, сунув руки в карманы, и объяснила: «Джоан ударила меня, поэтому мне пришлось напомнить ей, что драться со мной не стоит». Анна эффективно заплатила «глаз за глаз и зуб за зуб». С тех пор ее игры с Джоан стали более миролюбивыми.

В общем, родителям следует подчеркнуть бессмысленность драк. Но если приучить ребенка пассивно стоять, в то время как его избивают, значит, он будет обречен на сомнительную милость его хладнокровных сверстников.

В. *Оглянитесь на свой двадцатипятилетний опыт общения с родителями и их детьми. Какой самый ценный совет вы можете нам предложить? Какие средства или методы из всех имеющихся помогут нам лучше справиться с детьми?*

О. Возможно, мой ответ не удовлетворит ваших ожиданий, но я скажу вам о том, что часто наблюдал и ценность чего я знаю. Самый *лучший* способ заставить детей делать то, что им велят, состоит в вашем времяпрепровождении с ними еще до того, как начнутся проблемы с дисциплиной. Вам следует вместе с детьми веселиться и развлекаться, вместе смеяться и радоваться. Когда такие моменты счастья и близости бывают частыми, у детей даже не возникнет соблазна испытывать границы дозволенного. Многих конфликтов можно было бы избежать созданием дружбы с детьми, а это значит, что дети *захотят* сотрудничать с вами дома. Дружба одержит верх над любыми негативными чувствами ребенка, став сильной и положительной мотивацией.

В. *Теперь я вижу, что допустила много ошибок в воспитании своих детей. Можно ли как-то исправить эти ошибки?*

О. Когда ребенок достигает подросткового возраста, уже поздно пытаться исправить свою позицию. Но до этого вы можете воспитать в своем ребенке правильное отношение. К счастью, нам позволяется допустить некоторые ошибки в наших отношениях с детьми. Никто не в состоянии всегда поступать правильно, и несколько ошибок не причинят ребенку серьезный ущерб. Сильный вред может причинить лишь постоянное воздействие негативных обстоятельств в течение всего детства.

ГЛАВА 5

Чудесные средства (часть 1)

В предыдущих главах мы говорили о правильной реакции родителей на упрямство и «вызывающее поведение» ребенка. Теперь мы обратим наше внимание на руководство детьми в тех случаях, когда в конфликте нет враждебности и антагонизма. Существует бесчисленное количество ситуаций, когда родителям хотелось бы усилить чувство ответственности ребенка, но эта задача не из легких. Как маме заставить ребенка постоянно чистить зубы, убирать за собой одежду или соблюдать правила приличия за столом? Как ей научить ребенка быть более ответственным с деньгами? Что делать родителю, чтобы отучить ребенка от таких неприятных привычек, как хныканье, неряшливость или явная лень? Есть ли какие-нибудь средства против хронической медлительности?

Такого рода поведение не является открытой конфронтацией между родителями и ребенком, и с ним не следует разбираться решительным образом, о котором мы писали в предыдущих главах. Будет неразумно и нечестно наказывать ребенка за вполне понятную незрелость. В распоряжении хорошо осведомленных родителей имеются вполне эффективные методики.

Первый психолог в области воспитания Э. Л. Торндайк в 1920-е годы развил учение о поведении, которое может оказаться очень полезным для родителей. Он назвал его «закон закрепления» желаемых результатов. Позже эта концепция стала основанием для развития ветви психологии, известной как бихевиоризм, который я полностью отвергаю. Бихевиоризм был описан Б. Ф. Скиннером и Дж. Б. Уотсоном (о котором я упоминал ранее) и включает в себя немыслимое утверждение о том, что разума не существует вообще. В одном из моих университетских учебников бихевиоризм назван «психологией вне разума». Удачное название! Эти ученые рассматривают сознание как простой переключатель, который соединяет входящие стимулы с исходящей реакцией.

Несмотря на мое несогласие с экстраполяцией сочинений Торндайка, нет никаких сомнений в том, что его первоначальные идеи могут оказаться полезными для родителей. Проще говоря, закон закрепления гласит: «Поведение, которое позволяет получить желаемые результаты, будет повторяться». Другими словами, если человеку нравится то, что он получает в результате своего поведения, он будет склонен повторить этот акт. Если Салли в новом платье наслаждается повышенным вниманием со стороны мальчиков, она захочет надеть это платье снова и снова. Если Панчо выигрывает с одной ракеткой и проигрывает с другой, он предпочтет играть с той ракеткой, которая принесла ему успех. Этот принцип обезоруживающе прост, однако в нем имеется очень интересный подтекст.

В первом издании этой книги я описывал использование этих методов в опытах с нашей маленькой таксой Зигмундом Фрейдом (Зиги). Старина Зиги прожил пятнадцать лет, после чего отправился туда, куда отправляются после смерти собаки с норовом. Было забавно воспитывать упрямую собаку при помощи закона закрепления результатов, ибо только это и было способно привлечь его внимание. Многие таксы садятся, не нуждаясь для этого в особой дрессировке, потому что это естественная позиция для такого длинного тела. Но не Зиги! Это была, вне всяких сомнений, самая независимая собака на всем белом свете. В первый год его жизни я думал, что, наверное, он несколько медлительный по натуре, на второй год я усомнился в его высоких интеллектуальных способностях. Наконец, я понял, что это непокорный и упрямый плут, который желал все делать только по-своему.

Короче, было трудно заставить Зиги сотрудничать в программе по его усовершенствованию без того, чтобы не предложить ему какой-нибудь съедобный стимул. Особенно он любил печенье, и я использовал эту его страсть в своих целях. Я ставил его в вертикальное положение, в котором он оставался всего секунду или две, прежде чем упасть. Тогда я давал ему обычное шоколадное печенье. Он очень его любил. Я снова его сажал и скармливал ему печенье, когда он падал. Зиги прыгал по всей комнате, пытаясь захватить остальное печенье, но у него была единственная возможность его получить. Даже Зиги начал понимать эту идею.

Примерно через полчаса этого нелепого упражнения наша такса наконец поняла, чего я от нее добивался. Как только она поняла это, ее уже редко можно было видеть стоящей на всех четырех лапах сразу. Весь день она стояла на задних лапах, выпрашивая что-нибудь вкусненькое. Наконец, мне стало жаль, что я затеял эту игру, потому что мне было стыдно игнорировать ее труды. В конце концов это была моя идея в первую очередь, и я был вынужден отправиться на кухню, чтобы поискать что-нибудь для нее.

Эта техника закрепления результатов также оказалась полезной, когда мы учили Зиги гоняться за мячом (фантастическая демонстрация интеллекта собаки). Я бросал мяч примерно на три метра перед собой, а затем тащил Зиги, схватив его за холку, туда, где лежал мяч. Я открывал собаке пасть, засовывал туда мяч и волочил обратно на место. На финишной прямой собаку ожидало овсяное печенье. На этот раз добиться сотрудничества было легче, потому что

Зиги стал понимать концепцию работы за награду. Эта идея твердо укоренилась в разуме собаки, которая стала довольно изобретательна в применении этого открытия. Если семья ела что-нибудь с подноса во время каких-нибудь интересных телепередач, Зиги устраивался именно на том месте, где он заслонял собой экран телевизора для всех членов семьи. Так он сидел, виляя хвостом и выпрашивая что-нибудь вкусненькое.

Делались и более серьезные попытки научить животных достаточно сложным трюкам при помощи принципа закрепления результата. Причем результаты были весьма примечательными. Одного голубя научили проверять радиодетали, передвигаясь по ленте конвейера. Птица оценивала каждую деталь и сбрасывала с конвейера бракованные изделия, за что ей давали зерно. Она сидела там целыми днями, сосредоточившись на своей работе. Как вы можете догадаться, птица не состояла в профсоюзе, она не нуждалась в дополнительных перерывах, чтобы выпить чашечку кофе, не требовала никаких льгот, а зарплата у нее была мизерная. Есть много случаев, когда других животных также научили совершать буквально человеческие поступки при помощи ощутимой и желанной награды.

Могу представить, что в данный момент думают мои читатели по этому поводу. Между детьми и животными существует непроходимая пропасть. Какое отношение эти методики имеют к нашим детям? Только одно: людей также можно мотивировать тем, что им нравится. Этот факт можно использовать в обучении мальчиков и девочек ответственному поведению. Однако недостаточно только выдавать им подарки и призы без предварительного обдумывания или плана. Существуют конкретные принципы, которым нужно следовать, если вы хотите, чтобы закон закрепления нужных результатов работал в полной мере. Давайте подумаем об элементах этой методики с подробным применением его к детям.

1. *Ребенок должен получить награду немедленно.* Если вы хотите достичь максимального эффекта, награду следует предложить сразу после получения желаемого поведения. Родители часто допускают ошибку, предлагая детям подарки за хорошее поведение через длительный промежуток времени, однако в таком предприятии успех будет незначительный. Обычно малоэффективно обещать девятилетнему Джеку машину, которую он получит в шестнадцать лет, и ожидать, что он будет старательно учиться в школе в течение грядущих семи лет. Второклассникам и третьеклассникам часто обещают поездку к бабушке следующим летом в обмен на хорошее поведение в течение года. Такие обещания обычно не влияют на качество их послушания. Неразумно предлагать Мэри Лу новую куклу на Рождество, если вы хотите, чтобы она содержала свою комнату в порядке, начиная с июля. Многие дети не обладают ни интеллектуальной способностью, ни зрелостью, чтобы помнить изо дня в день долгосрочные обещания и ориентироваться на них. Время для них движется медленно, поэтому позитивные сдвиги кажутся невозможными и недостижимыми, а значит, о них даже думать неинтересно.

В случае дрессировки животных награду следует давать примерно через две секунды после желательного поведения. Мышь запомнит повороты в лабиринте намного быстрее, если у выхода ее ожидает кусочек сыра по сравнению с задержкой награды на пять секунд. И хотя дети могут выдержать более длительные задержки, чем в случае с животными, эффективность поощрения ослабевает, когда проходит слишком много времени.

Немедленное закрепление результатов было успешно использовано в лечении детского аутизма — нарушения, которое напоминает детскую шизофрению. Аутичный ребенок не реагирует на родителей или других взрослых должным образом. Он не разговаривает и обычно демонстрирует странное, неконтролируемое поведение. Что является причиной такого серьезного нарушения? Все свидетельства, похоже, указывают на определенные биохимические дисфункции в нервной системе ребенка. Как бы то ни было, аутизм очень трудно поддается лечению.

Как может врач помочь ребенку, который не говорит и не слышит его? Все прежние методы лечения оказались на удивление неэффективными, и тогда доктор Ивар Ловаас и его коллеги много лет назад поставили эксперимент с использованием поощрения позитивных результатов. В Калифорнийском университете Лос-Анджелеса аутичные дети были включены в программу, направленную на развитие речи. Сначала перед ребенком клали сладости каждый раз, когда он произносил какой-нибудь, любой, звук. Все его стоны, нечленораздельные звуки поощрялись немедленно. Следующим шагом была награда за конкретные гласные звуки. Когда детей учили произносить звук «о», поощрение выдавалось за все случайно произнесенные звуки в этом направлении. По мере прогресса ребенка, наконец, учат произносить названия конкретных предметов или имена людей для закрепления достигнутых результатов. Затем детей стали обучать фразам из двух слов, после чего последовали более сложные предложения. При помощи этой простой процедуры несчастных детей обучили определенному объему разговорного языка.

В то же самое время эту же технику использовали для того, чтобы научить одного аутичного ребенка реагировать на окружающих его людей. Этого пациента поместили в темный ящик с открывающимся деревянным окном. Врач сел с другой стороны окна лицом к ребенку, который смотрел через окно. Когда ребенок смотрел на врача, окно оставалось открытым. Но когда ум ребенка начинал блуждать и он озирался по сторонам, рама падала, оставляя ребенка на несколько секунд в темноте. И хотя ни один аутичный ребенок не превратился в абсолютно нормального человека, использование терапии закрепления положительных результатов выработало у некоторых пациентов вполне цивилизованное поведение. Ключом к этому успеху было немедленное поощрение желательного поведения.

Понимание того, как действует принцип закрепления, полезно не только в больницах для аутичных детей. Оно также помогает объяснить, как поведение формируется дома. Например, родители часто жалуются на безответственность своих детей, однако они не понимают, что дети были научены определенной доле отсутствия трудолюбия. Большая часть человеческого поведения является комплектом приобретенных привычек как желательных форм, так и нежелательных видов реакции. Дети учатся смеяться, играть, бегать и прыгать, и точно так же они учатся хныкать, дуться, задирать других, драться, закатывать истерики или быть сорванцами. Невидимый учитель — это принцип закрепления тех или иных результатов. Ребенок повторяет такое поведение, которое он считает успешным. Ребенок может сотрудничать и помогать родителям, если ему нравится, как его поведение отражается на родителях. Когда родители видят в своем ребенке качества характера, которые им не нравятся, они должны научить его другим, необходимым качествам, позволив хорошему поведению взять верх, а плохому потерпеть поражение.

Ниже приведены этапы программы, разработанной доктором Малкольмом Уильямсоном и мной, когда мы оба работали врачами в детской больнице Лос-Анджелеса. Эта система весьма эффективна для детей от четырех до восьми лет, и ее можно видоизменить в соответствии с возрастом и уровнем развития детей.

А. В таблице на следующей странице перечислены некоторые обязанности и тип поведения, который родители хотели бы развить в своем ребенке. Эти четырнадцать пунктов позволяют развить более высокий уровень сотрудничества по сравнению с тем, что может продемонстрировать большая часть пятилетних детей в повседневной жизни, но правильное использование поощрений превратит усилия, направленные на развитие этих навыков скорее в игру, чем в работу. Ключом к успеху является немедленное поощрение. Каждый вечер над поставленной задачей нужно прикреплять цветные (желательно красные) кружочки или звездочки. Если кружочков нет, можно раскрашивать клеточки цветным фломастером, но в любом случае ребенку нужно позволить самому вести счет своим успехам.

Б. За каждую демонстрацию хорошего поведения каждый день следует выдавать по два цента. Но если за один день допущено три промаха, ребенок не получает ни пенни.

В. Поскольку ребенок может заработать максимум до двадцати восьми центов в день, у родителей появляется отличная возможность научить его тому, как распоряжаться деньгами. Ребенку следует предложить тратить из заработанных денег только от шестидесяти до восьмидесяти центов в неделю. Нужно запланировать специальные походы в магазин. Ежедневное мороженое также может стать подручным средством закрепления полученных результатов, хотя очень многие родители сегодня стараются ограничить потребление детьми жиров и сахара. Из оставшихся доллара шестнадцати или доллара тридцати шести центов (максимум) ребенка следует побудить отдать двадцать центов в церковь или на какие-то благотворительные цели. Затем он должен сэкономить около тридцати центов в неделю. Остаток можно копить какое-то время для приобретения того, о чем ребенок мечтает.

Чудесные средства (часть 1)

Моя работа

	НОЯБРЬ	14	15	16	17	18	19	20	21	22	23	24	25	26	27	28	29	30
1. Я почистил зубы без напоминания.																		
2. Я привёл комнату в порядок перед сном.																		
3. Я убрал свою одежду без напоминания.																		
4. Я покормил рыбок без напоминания.																		
5. Я вынес мусор без напоминания.																		
6. Я сегодня слушался маму.																		
7. Я сегодня слушался папу.																		
8. Вечером я помолился.																		
9. Сегодня я вёл себя хорошо с братиком.																		
10. Я принял витамины.																		
11. Я сегодня говорил «спасибо» и «пожалуйста».																		
12. Вчера вечером я лёг спать без жалоб.																		
13. Сегодня я налил чистой воды собаке.																		
14. Я вымыл руки и пришёл обедать, как только позвали.																		
ВСЕГО:																		

Г. Список поступков, которые поощряют родители, не остается постоянным. Как только ребенок приучил себя к порядку в комнате, кормлению щенка и чистке зубов, родители должны заменить старые задания новыми. Каждый месяц вывешивается новый список, и ребенок сам может высказать предложения по его обновлению.

Эта система обеспечивает побочные выгоды в дополнение к главной цели, выраженной в выработке навыков ответственного поведения. Благодаря ее использованию ребенок, например, учится считать. Его приучают жертвовать на благородные и нужные цели. Он начинает понимать концепции экономии. Он учится сдерживать и контролировать эмоциональные импульсы. И, наконец, он знакомится с ценностью денег и с тем, как следует ими распорядиться с мудростью. Выгоды для родителей впечатляют в равной степени. Отец четверых детей применил эту систему у себя в семье и позже сказал мне, что уровень шума в доме значительно понизился.

Примечание. Этот план изложен здесь почти точно так же, как в оригинальном издании книги «Не бойтесь быть строгими». С тех пор я слышал много успешных историй и несколько жалоб. Самый распространенный негативный комментарий исходил от родителей, которые жаловались на то, что очень трудно каждый вечер отмечать успехи по такой сложной вычислительной системе. На подсчет звездочек и отсчет центов уходит от пятнадцати до двадцати минут. Если для вашей семьи эта задача покажется тоже сложной, я советую вам выбрать меньшее количество целей. Даже пять аспектов хорошего поведения и поощрение их от трех до пяти центов в день будет достаточным для выполнения этой работы. *Пусть система работает на вас*, модифицируйте концепцию так, как вам удобно. Уверяю вас, она *будет работать*, если все делать правильно.

Если такого рода закрепление так эффективно, почему такую систему не применяют повсеместно? К сожалению, многие взрослые не желают использовать поощрение, потому что они считают эту систему равноценной взяткам. Один из самых успешных педагогических приемов остается невостребованным из-за непонимания. Все наше общество построено на системе закрепления результатов, однако мы не хотим применять ее там, где она нужна более всего: в работе с маленькими детьми. Мы, взрослые, ходим на работу каждый день и регулярно получаем заработанные деньги. Но разве это взятка со стороны работодателя? Отважным солдатам дают медали, успешным бизнесменам присуждают премии, ушедшим на пенсию работникам дарят часы. Поощрения делают ответственные усилия достойными. Именно так работает мир взрослых.

Главная причина удивительного успеха капиталистической системы состоит в том, что упорный труд и личная дисциплина поощряются многими способами. Самое слабое место социализма заключается в отсутствии стимулов, ибо зачем человеку стараться и стремиться к достижениям, если он не получит за это ничего особенного? Я верю, что именно благодаря этому слабому звену социализм бесславно завершил свое шествие в бывшем Советском Союзе и Восточной Европе. Там не было стимулов, побуждающих к творчеству.

Однажды я услышал вот какую историю. Самый трудолюбивый студент химического факультета, Брейиз Макгаффи, много времени посвятил подготовке к первым экзаменам в институте. В день экзамена он набрал девяносто очков и заработал твердую пятерку. Дугой студент, Ральф Рипофф, едва ли открывал учебник по химии. Он пришел на экзамен вообще без подготовки и за свои усилия заработал сомнительные пятьдесят баллов. В его экзаменационной работе была поставлена неудовлетворительная оценка.

Однако профессор был убежденным сторонником социалистических принципов. Его встревожил тот факт, что Брейиз заработал на двадцать баллов больше того, что было необходимо для сдачи экзамена, а Ральфу не хватило тех самых двадцати баллов. Доброму преподавателю эта ситуация показалась несправедливой. Поэтому он поделил баллы этих двух студентов пополам, так что каждый из них получил джентльменское «удовлетворительно». Но... все кончилось тем, что Брейиз бросил учебу на химическом факультете. Можно ли его обвинять после этого?

Коммунизм и социализм *уничтожают* мотивацию, потому что они умаляют творческий порыв и усилия. Они поощряют посредственность и халтуру. Сама природа этих экономических систем нарушает закон закрепления искомых результатов. Свободное предпринимательство работает рука об руку с человеческой природой.

Некоторые родители применяют в своей семье миниатюрную систему социализма. Нужды и желания детей обеспечиваются «государством» и никак не связаны с соблюдением дисциплины или старанием. Однако они ожидают, что маленький Джон или Рене возьмет на себя ответственность просто потому, что это благородно с его стороны. Они хотят, чтобы дети учились и потели только ради чувства удовлетворения при виде личных достижений. Однако многие дети на это не идут.

Подумайте об альтернативном подходе со «взятками», о котором я говорил. Каким образом вы можете заставить пятилетнего ребенка вести себя так, как перечислено в нашем списке? Наиболее часто используемые заменители нашей системы — это нотации, жалобы, мольбы, крики, угрозы и наказание. Мама, отказывающаяся взять на вооружение систему поощрений, каждый вечер, возможно, отправляется спать с головной болью, приняв твердое решение больше не рожать детей. Ей не нравится акцентировать материализм в такой манере, но позже она будет *давать* деньги своему ребенку просто так, ни за что. Поскольку у ребенка никогда раньше денег не было, он не умеет ни разумно их потратить, ни сэкономить. Она покупает игрушки ребенку на свои деньги, и потому он ценит их намного меньше. Но самое главное, он не учится самодисциплине и личной ответственности, которые можно воспитать через систему осторожного закрепления желаемого поведения.

Следует признать, что существуют дела, которые ребенок обязан выполнять, потому что он тоже является членом семьи. Мытье посуды и вынос мусора — дела, которые он обязан выполнять, и их не нужно подкреплять поощрением. Я согласен с тем, что награду не нужно давать за всякую работу в доме, которую выполняет ребенок. Но если вы хотите, чтобы он превзошел ограниченный круг своих обязанностей и пошел дальше, например, чтобы он взялся за уборку гаража, или если вы хотите закрепить его уважительное и дружелюбное отношение к окружающим, существует более эффективный подход, чем нотации и угрозы!

И все же эта концепция остается для многих людей противоречивой. Я наблюдал за противоположным отношением к ней в двух реальных семьях. Родители Дарена были против метода закрепления с философской позиции и называли эти поощрения взятками. Соответственно ребенка не поощряли (не платили) за то, что он делал по дому. Дарен ненавидел работу по дому, потому что не видел в ней никакой личной выгоды. Ему приходилось просто терпеть такое положение вещей.

Когда ему нужно было косить траву по субботам, он шел к газону с неохотой и буквально в депрессивном состоянии. Как и следовало ожидать, он справлялся с этим поручением из рук вон плохо, потому что был напрочь лишен мотивации.

Видя такое небрежное отношение, отец стал ругать сына, что вряд ли способствовало превращению этого занятия в приятные переживания. Родители Дарена не были скупыми. Они удовлетворяли его нужды и даже давали ему на карманные расходы. Когда в городе открылась ярмарка, они дали ему деньги на покупки и развлечения. Поскольку их подарки не были связаны с источником мотивации, Дарен возненавидел работу, а родители невольно закрепили его безответственность и отвращение к работе.

Родители Брайана стояли на иных позициях. Они считали, что ребенку следует платить за выполнение работы, которая не входила в круг его обычных домашних обязанностей. Его не поощряли за вынос мусора или уборку своей комнаты, но он получал деньги за окраску забора в субботний день. Эта почасовая оплата вылилась в приличную сумму по сравнению с тем, что он *мог заработать* вне семьи. Брайану нравилось работать. Он вставал по утрам и отправлялся полоть сорняки на заднем дворе. Он считал свои деньги, работал, поглядывая на часы, и получал деньги. Временами он прибегал из школы домой, чтобы выделить для работы часок или два до темноты. Он открыл собственный счет в банке, и с большой ответственностью тратил тяжело заработанные деньги. Брайану нравилось чувствовать себя солидным человеком в компании сверстников, потому что у него всегда были деньги в кармане. Он не часто их тратил, но мог это сделать в любой момент! В этом заключена серьезная сила! Однажды он забрал все свои деньги из банка и попросил выдать ему всю сумму в новеньких однодолларовых банкнотах. Затем он положил пачку из двадцати восьми долларовых банкнот в верхний ящик своего стола и иногда демонстрировал их Дарену и другим безденежным товарищам. Работа и ответственность были ключом к его статусу, и он научился доброй мере и того, и другого.

Родители Брайана никогда не давали ему ни цента просто так. Они покупали ему одежду и все необходимое, но игрушки и остальное, что ему хотелось, он покупал на свои деньги. С экономической точки зрения родители Брайана тратили не больше денег, чем родители Дарена, просто они связывали каждый цент с поведением, которого они от него ожидали. Думаю, из двух вариантов их подход был более продуктивным.

Как я говорил ранее, очень важно знать, когда использовать поощрения, а когда прибегнуть к наказаниям. Не рекомендуется давать награду, когда ребенок покусился на авторитет родителя. Например, мама говорит дочери: «Собери игрушки, Лиза, потому что сейчас к тебе придут дети», но Лиза отказывается повиноваться. И если после этого Лиза все-таки выполнит просьбу мамы, ей нельзя давать в награду конфету. Иначе мама фактически будет поощрять непослушание девочки.

Если у вас все-таки осталось недопонимание того, как поступать в случаях открытого неповиновения, я советую читателям вновь перечитать главы с первой по четвертую. Авторитет нельзя заменить наградой. Поощрение и наказание занимают свое особое место в процессе воспитания детей, и неправильное их использование приводит к печальным последствиям.

2. *Поощрение необязательно должно быть материальным.* Когда моей дочери было три года, я начал готовить ее к школе с того, что мы стали учить алфавит. В то время вопросы питания меня не волновали в такой же степени, как сейчас, и я часто давал ей шоколадные конфеты в качестве средства закрепления достигнутых результатов. Однажды вечером я сидел на полу, обучая Данаю новым буквам, когда дом потряс страшный грохот. Вся семья бросилась из дома, чтобы посмотреть, что произошло. Мы увидели, что в нашем тихом квартале разбился подросток, сидевший за рулем машины,

ехавшей на большой скорости. Мальчик сильно пострадал, а его машина перевернулась. Мы стали заливать водой дымящийся автомобиль, чтобы пролившийся бензин не загорелся, и позвонили в полицию. И только когда волнение улеглось, мы поняли, что наша маленькая дочь осталась дома одна.

Мы вернулись в дом и обнаружили ее по уши зарывшуюся в пакет с конфетами, которые я оставил на полу. Она засунула в рот массу конфет, и все ее лицо, подбородок и нос были измазаны шоколадом. Когда она увидела нас, то умудрилась засунуть в рот еще горсть конфет. Исходя из этого опыта я осознал необходимость ограничения подсобных материалов, по крайней мере съедобных средств закрепления результатов.

Все, что считается желанным для обучаемого, можно использовать в качестве закрепления необходимого поведения. Самым эффективным поощрением для животных являются продукты, которые удовлетворяют их физические нужды, хотя люди могут получить мотивацию, подталкивающую их к восполнению своих психологических нужд. Некоторые дети, например, в большей степени хотели бы услышать слово похвалы, чем получить десятидолларовую купюру, особенно если одобрение взрослого будет выражено в присутствии других детей. Дети и взрослые во все времена стремятся найти удовлетворение своим эмоциональным нуждам, включая потребность в любви, социальном принятии и самоуважении. Кроме того, они хотят испытывать радостное волнение, интеллектуальную мотивацию, развлечения и удовольствие.

Большая часть детей и взрослых далеко не равнодушны к тому, что думают и говорят о них окружающие люди. В результате сильной мотивацией человеческого поведения становится словесное подкрепление. Представьте, какое сильное воздействие может оказать следующий комментарий:

«Вот идет Фил, самый уродливый мальчик в школе».

«Луиза такая тупая! Она никогда не может ответить правильно на вопрос учителя».

«Джо снова проиграет. Он всегда проигрывает».

Эти недобрые слова прожигают детей, как кислота, и формируют их будущее поведение. Фил может притихнуть, уйти в себя. Теперь его можно будет очень легко привести в замешательство. Луиза, скорее всего, вовсе перестанет интересоваться учебой, и учителя начнут считать ее исключительно ленивой девочкой. Джо вовсе прекратит играть в бейсбол и уже не будет пытаться достичь успеха в других видах спорта.

Собственно, нечто подобное произошло со мной. Я всегда считал себя крепким парнем и много лет занимался разными видами спорта. Во время обучения в колледже я занимался теннисом и на младших курсах был капитаном команды. Но бейсбол меня никогда не интересовал, и вот почему. Когда я учился в третьем классе, то стоял на правом поле. Весь третий класс, включая многих девочек, собрался, чтобы посмотреть на большую игру. Противник сделал в мою сторону обычный бросок, и мяч неожиданно ускользнул из-под моих рук и упал на землю. Я смущенно подобрал мяч и бросил его судье. Он отошел в сторону, и мяч прокатился еще метров на пятьдесят. Я до сих пор слышу смех девчонок и чувствую, как лицо заливает краска стыда и обиды. В тот день я ушел с поля, и на этом моя блестящая карьера в бейсболе завершилась.

Мы, взрослые, в равной степени чувствительны к необдуманным замечаниям своих товарищей. Всегда забавно наблюдать, насколько болезненно мы можем реагировать на легкомысленные слова наших друзей (и даже врагов). «Марта, ты, похоже, прибавила несколько килограммов?» Марта может сразу не обратить внимания на эти слова, но в тот же вечер проведет минут пятнадцать перед зеркалом, а на следующее утро сядет на диету.

«Ральф примерно твоего возраста, Питер, то есть ему где-то сорок шесть или сорок восемь». А Питеру всего тридцать девять, и при этом замечании кровь отливает от его лица. Слова друга заставляют его задуматься о своей внешности, и он принимает решение в следующем же месяце купить парик. Наш слуховой аппарат в большей степени настроен на замечания, касающиеся оценки нашей личности, чем чего-то другого. Наше чувство самоуважения и самооценка во многом зависят от подобных непреднамеренных замечаний окружающих людей.

В общении родителей с детьми постоянно должно звучать словесное закрепление желаемых результатов. Слишком часто наши разговоры состоят из миллионов «нельзя», которые уже переполнили резервуары восприятия наших детей. Нам следует больше времени уделить поощрению желательного поведения ребенка, даже если наше поощрение представляет собой всего лишь искренний комплимент в его адрес. Помня о потребности ребенка в высокой самооценке и чувстве принятия, мудрые родители могут удовлетворить эту глубокую потребность маленького человека, обучая его в то же время ценным концепциям и правильному поведению. Здесь нам могут помочь некоторые примеры:

Мать дочери: «Ты очень красиво раскрасила картинку, Рене. Мне нравится видеть, как аккуратно ты работаешь. Я хочу повесить твою работу на холодильник».

Мать мужу в присутствии сына: «Нейл, ты заметил, что Дон сегодня вечером поставил свой велосипед в гараж? Раньше он оставлял его во дворе, и нам приходилось напоминать ему об этом. Тебе не кажется, что он становится более ответственным человеком?»

Отец сыну: «Спасибо, сын, что ты не шумел, пока я занимался расчетами. Ты проявил чуткость. Теперь я закончил свою работу, и у меня есть немного свободного времени. Давай в следующую субботу пойдем с тобой в зоопарк».

Мать маленькому сыну: «Кевин, ты все утро не сосал свой палец. Я горжусь тобой. Давай посмотрим, сможешь ли ты продержаться в течение всего дня?»

Родители поступят неразумно, если станут хвалить ребенка за поведение, которое ему самому не нравится. Если все, что ребенок ни делает, вызывает в маме восторг и слова похвалы, ее одобрение скоро станет для него бессмысленным. Если захотеть, конкретное поведение, которое заслуживает искренней похвалы, можно найти в самом озорном ребенке.

А теперь давайте перейдем к некоторым вопросам и ответам, а затем к следующей главе, в которой содержатся дополнительные мысли о законе закрепления положительных результатов.

ВОПРОСЫ И ОТВЕТЫ

В. *Можно ли систему поощрения использовать в церкви или в воскресной школе?*

О. Я видел, как эту систему использовали с огромной эффективностью в христианской воскресной школе. Но вместо денег дети собирали «таланты», напоминавшие деньги различного достоинства. (Концепция талантов была заимствована из притчи Иисуса в Евангелии от Матфея 25:15.) Дети зарабатывали таланты заучиванием стихов из Писания, своевременным приходом на занятия по воскресеньям, отличной посещаемостью, приглашением друзей в школу и прочее. За валюту из талантов можно было приобрести желанные предметы, выставленные в стеклянной витрине класса. Это были Библии, ручки, книги, паззлы и другие религиозные или учебные призы, которые можно было выбирать по вкусу.

В церкви, где использовалась эта система, детская воскресная школа расцвела и ее ряды умножились. Однако некоторые люди могут воспротивиться материалистической программе в церкви, а это уже вопрос, который каждая церковь должна рассматривать самостоятельно.

В. *Неужели я должна хвалить своего ребенка весь день за все мелочи, которые он делает хорошо? Не воспитаю ли я избалованного ребенка, если буду говорить, что каждый его шаг превосходен?*

О. Да, беспрерывные похвалы расточать неразумно. Как я уже говорил в одной из своих предыдущих книг, младшие дети очень быстро привыкают к словесной игре, и ваши похвалы потеряют для них всякий смысл. Очень полезно провести четкую грань между *лестью* и *похвалой*.

Лесть не заслуженна. Именно ее говорит бабушка, когда приходит к вам в гости: «Ой, вы только посмотрите на мою маленькую девочку! Ты с каждым днем становишься все красивее. Я уверена, когда ты станешь большой, ты покоришь всех мальчиков». Или: «О, какой ты умный мальчик!» Лесть — это комплименты, которые вы изливаете на ребенка за то, что не является его заслугой.

Похвала, с другой стороны, используется для закрепления позитивного и конструктивного поведения. Она должна быть конкретной, а не обобщенной. «Ты хорошо себя вел» — неудовлетворительное замечание. Намного лучше было бы сказать: «Мне очень понравилось, как ты убрал сегодня свою комнату». Родителям всегда следует искать те моменты, которые заслуживают их искренней похвалы, но пустой лести следует избегать всегда.

В. *Должны ли родители заставлять ребенка есть?*

О. Нет. Более того, обеденный стол — это поле битвы, где для родителей устроена засада. Они не смогут выиграть эту битву! Упрямый ребенок подобен хорошему генералу, который постоянно выискивает выгодные со стратегической позиции места, где можно одолеть врага. Ему не нужно ходить далеко в поисках такого места. Из всех известных моментов, чреватых конфликтом между поколениями, а именно: время отхода ко сну, волосы, одежда, школьные домашние задания и прочее, — обеденное время представляет собой самый беспроигрышный вариант для ребенка! Трижды в день самый хрупкий ребенок может просто отказаться открыть рот. Никакое принуждение и угрозы не смогут заставить его есть, если он этого не хочет.

Помню трехлетнюю девочку, которая категорически отказалась есть зеленый горошек, и ее отца, который решил, что заставит дочку проглотить эту овощную культуру. Это была классическая борьба между непреодолимой силой и несгибаемым объектом. Ни один из них не сдался. После часа разглагольствований, угроз, обмана и пота отец не достиг своей цели. Девочка вся в слезах сидела на стуле, а перед ее запечатанными губами угрожающе зависла ложка с зеленым горошком.

Наконец, силой запугивания ее папа сумел втиснуть горошек ей в рот. Однако она не стала его глотать. Не знаю, что было после этого, но мама девочки рассказывала мне, что им ничего не оставалось делать, как только уложить ребенка в постель с набитым ртом, в котором хранился злополучный зеленый горошек. Они поражались силе воли своей крохотной дочери.

На следующее утро рядом с ножками кровати мама обнаружила кучку смятых зеленых горошинок! Один-ноль в пользу малышки, а папа проиграл. Скажите, на каком еще поле битвы ребенок весом семнадцать килограммов сможет одолеть мужчину весом девяносто килограммов?

Конечно, не всякий малыш обладает такой силой воли. Но *многие* из них с радостью будут сражаться за обеденным столом. Это идеальная арена, на которой они демонстрируют свою силу. Поговорите с опытными родителями или бабушками и дедушками, которые подтвердят, что я прав. Самое грустное из всего этого то, что такие конфликты не нужны. Дети съедят столько, сколько им нужно, если не позволять им перекусы в виде бесполезной и вредной пищи. Они не умрут от голода. Это я вам обещаю!

В случае с плохим едоком вам нужно только поставить перед ребенком хорошую пищу. Если он говорит, что не голоден, укройте тарелку, поставьте ее в холодильник и отправьте ребенка играть. Через несколько часов он вернется обратно. Бог вложил в его маленький животик забавное чувство, которое заставит его сказать: «Хочу есть!» Когда наступит этот момент, *не давайте* ему сласти, бутерброды или кондитерские изделия. Просто вытащите ту же тарелку, разогрейте ее содержимое и снова поставьте перед ребенком. Если он откажется от этой еды, снова отправьте его играть. Даже если пройдет двенадцать или более часов, продолжайте делать это до тех пор, пока эта еда не станет выглядеть в его глазах и пахнуть очаровательно. С этого времени и далее битва за столом станет историей.

В. *Ранее вы говорили, что не одобряете телесные наказания подростков. Но что мне делать, чтобы добиться сотрудни-*

чества со стороны моего четырнадцатилетнего сына, который осознанно ведет себя безобразно? Он разбрасывает свою одежду, отказывается выполнять работу по дому и замучил младшего брата своей агрессивностью. Что мне делать?

О. Принципы закрепления особенно эффективны по отношению к подросткам, потому что такого рода поощрения нравятся молодым людям в том возрасте, когда их жизнь в основном сконцентрирована на самих себе. Однако многим из них свойственна неизбежная лень. Отсутствие трудолюбия и общая апатия имеют физиологическое происхождение. Их энергия в подростковом возрасте перенаправляется на быстрый рост. Изменения в эндокринной системе требуют адаптации всего организма. В течение нескольких лет они способны спать до полудня, а затем слоняются без дела, пока не увлекутся чем-то интересным. Если *какая-то система* и может зарядить их вялые батарейки, то она потребует вовлечения каких-нибудь стимулов. Для применения системы закрепления положительных результатов в жизни шестнадцатилетнего подростка следует предпринять следующие три шага:

1. *Определите, что может заинтересовать подростка в качестве стимула.* Вечернее свидание на семейной машине в течение двух часов может значить очень много для начинающего водителя. Этот стимул может быть самым дорогим в жизни молодого человека, который садится за руль с трясущимися руками. Карманные деньги — еще один легкодоступный источник мотивации, как было сказано выше. Подросткам сегодня, как никогда раньше, нужны наличные деньги. Обычное свидание с очаровательной одноклассницей может обойтись в двадцать долларов, а может, даже больше, а иногда *намного* больше. Следующим стимулом могут стать предметы модной одежды, которые недоступны для бюджета подростка. Если вы предложите сыну или дочери возмож-

ность заработать деньги на предметы роскоши, вы избежите другой альтернативы, которая выразится в стонах, мольбах, уговорах, жалобах и надоедании. Мама говорит: «Конечно, ты сможешь купить лыжный свитер, но тебе придется для этого поработать». Как только вы достигли договоренности относительно приемлемых средств достижения желаемой цели, можно перейти к осуществлению второго шага.

2. *Оформите свою договоренность.* Отличным средством установления общей цели может быть соглашение. Как только вы написали это соглашение, оно подписывается подростком и родителем. В соглашение можно включить систему баллов, которая поможет молодому человеку достичь поставленной цели в разумный период времени. Если вы не можете договориться о стоимости баллов, можно обратиться за советом к кому-нибудь со стороны. Давайте исследуем примерный договор, в котором Маршалл хочет получить плейер для компакт-дисков, а до дня его рождения еще десять месяцев, и у него нет никаких шансов на бесплатное его получение. Плейер стоит приблизительно сто пятьдесят долларов. Его отец согласен купить эту вещь, если Маршалл заработает десять тысяч баллов в течение двух или двух с половиной месяцев выполнением различных заданий. Многие из этих возможностей оговариваются заранее, но список можно продолжить по мере возникновения других возможностей:

а) За уборку своей комнаты каждое утро — 50 баллов.
б) За каждый час подготовки к урокам — 150 баллов.
в) За каждый час работы по дому или во дворе — 300 баллов.
г) За своевременный выход к завтраку и обеду — 40 баллов.
д) За каждый час времяпрепровождения с младшими детьми в своей семье — 150 баллов.
е) За мытье машины каждую неделю — 250 баллов.
ж) За подъем в 8 часов утра каждую субботу — 100 баллов.

Эти принципы универсальны и эффективны, а методы применения могут быть самыми разными. Вооружившись воображением, вы можете придумать целый список дел и оценить их баллами в соответствии с ценностями в вашей семье. Важно отметить, что баллы можно заработать только в духе сотрудничества и потерять в случае сопротивления. Негативное и неразумное поведение можно наказывать лишением пятидесяти и даже более баллов. Однако таким наказаниям нужно подвергать с особой справедливостью, иначе вся система рухнет и перестанет работать. Кроме того, можно учредить особые призы в виде баллов за примерное и похвальное поведение.

3. *Установите методы немедленного поощрения.* Помните, что быстрое закрепление достижений дает наилучшие результаты. Это необходимо для того, чтобы поддержать интерес подростка к достижению поставленных целей. Можно нарисовать схему в виде температурного столбика с обозначением баллов внизу. Наверху поставьте отметку в десять тысяч баллов рядом с изображением плейера для компакт-дисков или какой-то другой целью. Каждый день нужно подсчитывать полученные результаты и отмечать повышение температурного режима красным цветом в виде набранного количества баллов. Постоянный прогресс Маршалла может принести ему какую-нибудь награду, может, CD с его любимым музыкантом или особые привилегии. Если его желания относительно покупки изменятся, заработанные баллы можно перенести на новую цель. Например, пять тысяч баллов, то есть половина необходимых десяти тысяч, оцениваются в семьдесят пять долларов и переносятся на другую возможную покупку. Однако не давайте своему ребенку награду, если он ее не заработал. Иначе вы сделаете всю систему закрепления результатов неэффективной и в дальнейшем не сможете ее использовать. Точно таким же

образом не отказывайтесь и не откладывайте выполнения своего обещания, если сын или дочь выполнили свою часть соглашения. Система, представленная выше, не является неизменной. Ее следует адаптировать к своим условиям, возрасту и уровню зрелости своих детей. Один подросток почувствует себя оскорбленным в обстоятельствах, которые вызовут радость у другого.

ГЛАВА 6

Чудесные средства (часть 2)

Как мы уже говорили, повышение уровня ответственности и самодисциплины ребенка — задача непростая. Родители должны приучать к этому детей при помощи конкретного плана действий. Но эта задача станет намного легче, если вы будете применять закон закрепления положительных результатов. В предыдущей главе мы исследовали два конкретных принципа, которые максимально повышают эффективность данного метода. Это (1) немедленная выдача награды и (2) использование наряду с финансовым и материальным закреплением полученных результатов нематериальных поощрений, как, например, похвала, объятия и просто внимание.

Давайте теперь обратим внимание на оставшиеся три принципа:

3. *Практически любое поведение, которого ребенок достиг посредством принципа закрепления, может быть аннулировано, если награду не давать ребенку достаточно длительное время.*

Достоверно доказано, что если не закреплять определенный вид поведения, человек от него отвыкает. Родители и учителя, которые желали бы изменить негативные аспекты поведения ребенка, могут использовать этот процесс, который физиологи назвали *угасанием*.

В животном мире можно найти много интересных примеров угасания. Например, щука представляет собой большую рыбу с хорошим аппетитом, которая охотится на мелких рыбешек. Если ее посадить в большой аквариум вместе с ее маленькими жертвами, очень скоро она останется там одна. Но если щуку отделить от остальных рыбок стеклянной перегородкой, произойдет интересная вещь. Щука не видит стекло, и в погоне за своим обедом с силой ударяется об него. Она снова и снова подплывает к перегородке и с силой бьется «лбом» о стекло. Поскольку ее поведение *не получает* подкрепления, оно постепенно угасает.

Наконец щука сдается. Она поняла, что ей не добраться до мелкой рыбешки. После этого стеклянную перегородку убирают из аквариума, и мелкая рыбка плавает вокруг своего смертельного врага в абсолютной безопасности. Щука даже не пытается ее поймать и съесть. Она знает то, что знает — эта рыба для нее недоступна. Как ни странно, щука может умереть с голоду, в то время как ее любимая еда плывет как раз мимо ее рта.

Угасание также используется для дрессировки слонов в цирке. Пока слон маленький, его приковывают за ногу к большому бетонному столбу. Животное время от времени безуспешно пытается вырваться из связывающих его пут и отойти от столба, в результате чего угасает его стремление к побегу. Позже его привязывают уже небольшой веревочкой к хрупкому шесту, от которого легко могла бы оторваться любая собака, но тем не менее веревка в состоянии удержать в послушании это мощное животное. И опять, животное знает то, что знает!

Позвольте мне повторить это еще раз: дети — это люди, и их нельзя сравнивать с животными по многим показателям. Но принцип угасания применим к детям тоже. Чтобы отучить ребенка от нежелательного поведения, взрослые должны определить наиболее эффективный метод закрепления и больше не допускать его применительно к этому варианту поведения. Давайте рассмотрим использование этого принципа в одной распространенной проблеме. Почему ребенок ноет и хнычет вместо того, чтобы говорить спокойным и нормальным голосом? Потому что родители когда-то сами закрепили эту привычку. Когда трехлетняя Карен говорила обычным голосом, ее маме было некогда слушать дочь. Собственно, Карен говорит без умолку целыми днями, так что мама практически ее не слушает. Но когда Карен обращается к маме капризным, противным и раздраженным тоном, мама тут же бежит, чтобы выяснить, что же случилось. Ноющий голос Карен приносит результаты, а обычный голос нет. Так что она становится нытиком.

Чтобы избавиться от нытья, следует использовать принцип закрепления в обратном направлении. Мама для начала должна сказать следующее: «Я тебя не слышу, Карен, потому что ты просто ноешь. У меня странные уши. Они не слышат твоего нытья». После того как мама объясняет все это в течение одного или пары дней, ей следует игнорировать плаксивый тон дочери. С другой стороны, она должна немедленно обратить внимание на ее просьбу, высказанную нормальным голосом.

Если правильно использовать закон закрепления, мы всегда сможем достичь желаемых результатов. Практически все обучение основано на этом принципе, и его последствия конкретны и предсказуемы. Конечно, бабушка и дядя Альберт могут продолжать закреплять противоположное поведение, от которого вы пытаетесь избавиться, и потому оно сохраняется до сих пор. В связи с этим обязательно нужно поработать над созданием командного духа сотрудничества, особенно между родителями.

Угасание является не только средством для осознанной обучающей программы. Оно иногда происходит произвольно. Подумайте о случае с четырехлетним Марком. Его родители были обеспокоены истериками, которые происходили с ним особенно тогда, когда родители менее всего этого желали. Например, он мог устроить скандал именно в тот день, когда к ним пришли гости. Те же вспышки могли произойти в ресторане, в церкви и других общественных местах.

Родители Марка применяли принципы дисциплины в семье. Они перепробовали все мыслимые подходы к маленькому бунтарю. Они его шлепали, ставили в угол, рано укладывали спать, стыдили и ругали. Ничто не помогало. Ребенок регулярно закатывал дикие сцены.

Затем однажды случилось так, что оба родителя Марка читали в гостиной газету. Они сказали что-то такое, что сильно рассердило их маленького сына, который в приступе ярости упал на пол. Он визжал и бился головой об пол, дрыгал ногами и колотил маленькими кулачками по ковру. Родители чувствовали полное недоумение и не знали, что делать, а потому ничего не делали. Они продолжали читать газету в полном молчании, а этого маленький смерч никак не ожидал. Наконец, он встал, внимательно посмотрел на отца и снова упал на пол для второго акта. И снова его родители никак на это не отреагировали. К этому времени они уже переглядывались между собой и украдкой с любопытством поглядывали на своего наследника. И снова истерика внезапно прекратилась. Мальчик подошел к маме, подергал ее за руку, а затем рухнул на пол для третьего акта. Родители продолжали игнорировать ребенка. Что он сделал в ответ? Он почувствовал себя так глупо, дергаясь и рыдая на полу, что больше никогда в жизни истерик уже не устраивал.

Эта иллюстрация была приведена в первом издании «Не бойтесь быть строгими» еще в 1970 году. Пора раскрыть секрет, что того ребенка на самом деле звали не Марком. Это был Джим. Увы, тем паршивцем из рассказа был *я сам*. Могу вам сказать из собственного опыта: нет ничего хорошего в том, чтобы разыгрывать представление, на которое не пришел ни один зритель!

Совершенно ясно, что своими скандалами я оказывал сильное воздействие на своих родителей и фактически манипулировал ими. Благодаря необузданному поведению я заставлял больших и сильных взрослых людей расстраиваться и терять покой. Должно быть, мне это нравилось. В большинстве случаев истерики маленьких детей представляют собой вызывающее поведение, которое можно исцелить одним или парой соответствующих шлепков. Однако в некоторых случаях, как это было со мной, в деле были замешаны еще кое-какие детали. Подобно поджигателю, мне нравилось видеть, сколько паники и беспорядка я создавал своими действиями. Это само по себе и было моей наградой.

И хотя моим родителям удалось погасить такое поведение за один раз, обычно подобный процесс занимает больше времени. Очень важно понять типичную скорость, с которой какие-то характеристики могут исчезнуть, не находя для себя благодатной почвы.

Вспомните снова пример с голубем, который проверял радиодетали. Сначала птица пропускала бракованные детали и только постепенно набрала высокий процент эффективности своей деятельности. Как показано на таблице А, голубь со временем научился безошибочно (на 100%) отбраковывать продукцию и продолжал безукоризненно работать, поскольку закрепление результатов (зерно) выдавалось ему регулярно.

Предположим, однако, что поощрение прекратилось, а именно: зерно птице выдавать перестали. Голубь будет продолжать отбрасывать бракованные детали, но недолго. Скоро он начнет пропускать брак. Если он будет и дальше работать без оплаты труда, он станет все более рассеянным, его интерес к работе постепенно угаснет полностью. К концу рабочего дня он пропустит большую часть или даже все испорченные детали.

ТАБЛИЦА А

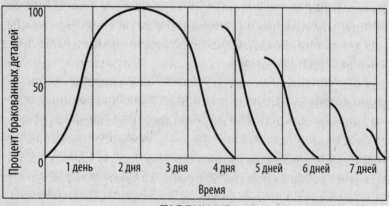

ТАБЛИЦА Б

Однако на следующий день он отправится на работу, как раньше. *Даже если какой-либо вид поведения исчез в течение одного дня, скорее всего, на следующий оно возвратится вновь.* Такое пробуждение называется «спонтанное восстановление». Как показано на таблице Б, это поведение будет возвращаться каждый день. Но точность исполнения задания будет все ниже, и последующее угасание будет происходить еще быстрее, чем накануне.

Этот принцип важен в избавлении от нежелательного поведения у детей. Родителям или учителю не следует отчаиваться, если угасшее поведение вновь возвращается. На его полное устранение может потребоваться значительное время.

Принцип угасания помог многим людям избавиться от вредных привычек. Подобная система была приспособлена для людей, которые хотят бросить курить. Эта система основана на уменьшении приятных ощущений (принцип закрепления), которое человек получает, вдыхая табачный дым. Для этого трубочка, наполненная затхлым и концентрированным табаком, направляет дым прямо в лицо курильщику. Каждый раз, когда курильщик затягивается сигаретой, вонючий дым из трубки направляется ему в лицо. Человек начинает ассоциировать курение с отвратительным запахом из трубки. При помощи этого средства у него развивается стойкая неприязнь к курению. К сожалению, никотин — один из наркотиков, вызывающих самое стойкое привыкание, и его химическое воздействие на организм преодолеть трудно.

Угасание может также помочь детям преодолеть ненужные страхи. Однажды я консультировал одну маму, трехлетняя дочь которой боялась темноты. Несмотря на то, что в ее комнате всю ночь горел ночник, а дверь в комнату оставляли открытой, маленькая Марла боялась оставаться одна. Она настаивала на том, чтобы мама каждый вечер сидела с ней до тех пор, пока она не заснет, а это было очень утомительно и неудобно. Если Марла вдруг просыпалась среди ночи, она начинала звать маму. Было ясно, что она боялась темноты по-настоящему.

Такие страхи нельзя назвать врожденными, они появляются у ребенка по определенным причинам. Если родители это понимают, они внимательнее относятся к своим словам и поступкам. Дело в том, что дети удивительно восприимчивы и часто перенимают поведение и озабоченность, которую видят во взрослых. Даже добродушное поддразнивание может вызвать у ребенка проблемы. Если малыш войдет в комнату, а дверь за ним захлопнется, он быстро поймет, что темнота не всегда бывает пустой!

В случае с Марлой было непонятно, почему она стала бояться темноты, но я думаю, что ее мама невольно способствовала возникновению этой проблемы. Заботясь о дочери, она проявляла много беспокойства, и Марла стала думать, что в ее страхах есть какое-то обоснование. «Даже маму это тревожит», — должно быть, рассуждала она. Марла стала настолько пугливой, что без сопровождения не могла пройти даже через тускло освещенную комнату. Именно в такой момент родители обратились ко мне за помощью.

Поскольку практически бесполезно разговаривать с детьми о страхах, я предложил маме *показать* Марле, что бояться нечего. Это поможет ребенку воспринимать маму как уверенного и бесстрашного человека. Итак, мама купила пакет сладостей (да, да, конечно, сегодня я бы купил вкусные и красивые цукаты или сушеные фрукты) и поставила свой стул в коридоре рядом с дверью Марлы. Затем Марле обещали дать одну конфетку, если она проведет в своей освещенной комнате с закрытой дверью несколько секунд одна. Первый шаг был совсем не страшным, и Марле понравилась эта игра. Этот этап повторили несколько раз, после чего девочку попросили сделать несколько шагов в полуосвещенной комнате, в то время как мама стояла в освещенном коридоре и считала до десяти. Это тоже было легко, и Марла продолжила игру, выигрывая маленькие конфетки.

В последующих этапах дверь прикрыли, а свет приглушили еще больше. Наконец, Марла набралась храбрости и вошла в темную комнату, после чего за ней закрыли дверь, а мама считала до трех, в следующий раз до пяти, а потом и до восьми. Время в темной комнате постепенно увеличивалось, и вместо страха оно приносило конфеты — огромное удовольствие для маленького ребенка. Кроме того, девочка слышала за дверью мамин уверенный и спокойный голос и знала, что может выйти из комнаты в любой момент. Благодаря этим действиям ее смелость умножилась, а страхи исчезли.

Точно так, как в случае с выбором поощрения, использование процесса угасания ограничено только размахом творческого воображения родителей или учителей. Попробуйте эту технику в разных обстоятельствах. При помощи определенной практики и терпения вы убедитесь, что самым лучшим средством изменения поведения будет прекращение закрепления старых привычек и поощрение новых, возникающих на месте старых.

4. *Родители и учителя также подвержены действию закона закрепления.* Принцип закрепления является механизмом, который меняет поведение не только *детей и животных*. Взрослые тоже меняют свое поведение в соответствии с позитивной или негативной обратной связью, которую получают от окружающего мира. Естественно, что иногда дети воспитывают родителей, а не наоборот, закрепляя определенные виды их поведения и заставляя другие угаснуть.

Например, когда мама с папой берут детей в какое-нибудь интересное место, дети ведут себя очень хорошо. Они учтивы и послушны, потому что неосознанно стараются закрепить или поощрить подобные решения родителей. Я видел, как в противоположных ситуациях дети умело манипулировали родителями, чтобы получить какую-то вещь или спровоцировать их на нужный им поступок.

Можно привести такой конкретный случай. Когда мама ругает за что-то свою восьмилетнюю дочь, та в ответ ей заявляет: «Ты меня не любишь». Многие дети знают, что родители стремятся доказать свою любовь к детям и потому во избежание наказания используют эту деликатную тему в своих интересах. И часто преуспевают в этом.

В другом случае учитель объявляет: «Пора перейти к теме здоровья, поэтому достаньте учебники», и весь класс стонет. Некоторыми учителями подобное отсутствие положительной реакции переживается с трудом, и они в будущем либо отказываются от сложных предметов, либо преподают, не углубляясь в них.

Подобные вещи происходят и в сфере высшего образования. Я знал студентов аспирантуры, которые ставили эксперименты в области действия закона закрепления на своем профессоре психологии. Этот преподаватель использовал два метода в своем обучении. Он либо читал свои лекции, и студентам было тяжело воспринимать сухое и монотонное изложение материала, либо говорил экспромтом, в результате чего возникали живые и интересные дискуссии. Однажды студенты перед занятиями договорились поощрять разговорный стиль и погасить формальный вид поведения преподавателя. Как только он доставал свои записи, они начинали двигать ногами, смотреть в окно, зевать и шептаться друг с другом. С другой стороны, они проявляли живейшую заинтересованность в случаях, когда начинались незапланированные дискуссии. Профессор отреагировал классическим образом. Он практически всегда выбирал неформальное ведение занятий, хотя до самого конца семестра не понимал, что студенты им манипулируют.

В качестве последнего примера можно привести одного папу, у которого был очень низкий порог терпимости, и дети очень скоро начинали его раздражать. Каждый раз когда они не соответствовали его ожиданиям, он кричал, в результате чего дети, казалось, начинали слушаться. Таким образом он закрепил свое поведение, став шумным и агрессивным.

Выводы напрашиваются очевидные: родителям необходимо следить за собственной реакцией на закрепление того или иного вида поведения, чтобы не утратить контроля над процессом воспитания и обучения своих детей.

Пятый и заключительный ключ к закону закрепления результатов следующий:

5. *Родители часто закрепляют нежелательное поведение и погашают поведение, которое они ценят.*

Пожалуй, самым важным аспектом в предыдущих двух главах является случайное закрепление. Удивительно легко закрепить нежелательное поведение в ребенке, разрешив ему получить то, чего он требует. Предположим, к примеру, что мистер и миссис Уикнн пригласили в дом гостей, а маленького сына уложили в постель уже в семь часов. Они знают, что Рикки будет плакать, как всегда, но выбора у них нет. И действительно, Рикки начинает плакать. Сначала идут низкие ноты, но постепенно высота голоса доходит до децибелов, сравнимых с реактивным самолетом, который вот-вот взлетит.

Наконец, миссис Уикнн становится так неловко, что она позволяет Рикки встать. Что ребенок понял в этом случае? Если он не хочет ложиться спать, нужно кричать *очень громко*. Тихий протест в этом деле не поможет. Мистеру и миссис Уикнн лучше подготовиться к слезной битве и на следующий вечер тоже, потому что подобная атака однажды уже завершилась успехом. И если они об этом забудут, Рикки им обязательно напомнит.

Чтобы объяснить действие этого принципа, давайте рассмотрим еще один сценарий. Упрямый подросток Лора Бет не принимает отрицательных ответов. Этой вздорной девочке дома не сидится. Когда мама не уверена, можно ли отпустить дочь гулять по вечерам, она сразу говорит «нет», чтобы получить какое-то время на обдумывание просьбы Лоры. Позже мама может изменить свое решение, но она знает, что лучше сначала отказать, а потом разрешить, чем наоборот. Однако такая политика приучила Лору к мысли, что «нет» на самом деле означает «может быть» и даже, скорее всего, «да», если приложить к этому жалобы и споры.

Многие родители совершают ту же ошибку, что и мама Лоры. Они позволяют своим детям спорить, дуться, хлопать дверьми и торговаться. Родителям не следует занимать твердую позицию по вопросу, который они недостаточно обдумали, им также не стоит ввязываться в споры и пререкания с детьми. Но приняв решение, им нужно за него крепко держаться. Если подросток поймет, что «нет» означает «категорическое нет», скорее всего, он не станет тратить времени на попытки изменить ответ родителей.

Давайте предположим, что сегодня мистер и миссис Смит празднуют свой десятилетний юбилей со дня свадьбы. Они идут на праздничный ужин в ресторан и оставляют дома рыдающих детей, которым пять и шесть лет. Мистер Смит немного знаком с принципами закрепления, поэтому предлагает детям пачку жвачки в случае, если они прекратят плакать. К сожалению, мистер Смит не закрепил молчание, он закрепил именно слезы. Когда в следующий раз он с женой соберется выйти из дома, дети используют свое преимущество поплакать, чтобы получить желаемое. Маленькая альтернатива полностью могла бы изменить это положение вещей. Мистеру Смиту нужно было предложить жвачку за сотрудничество прежде, чем у детей потекли слезы.

Давайте применим этот принцип к плачущим младенцам. Слезы для малышей очень важная форма коммуникации. Именно благодаря их слезам мы узнаем о том, что они лежат в мокрых пеленках, голодны, устали или испытывают неудобство. И хотя мы не стремимся прекратить их плач, вполне возможно сократить выражение отрицательных эмоций при помощи уменьшения потока слез. Если ребенка сразу взять на руки и убаюкивать каждый раз, когда он начинает плакать, он тут же заметит тесную взаимосвязь между своими слезами и вниманием взрослых. Прекрасно помню, как в течение нескольких минут я стоял в дверях детской, в которой находилась моя маленькая дочь, ожидая кратковременной остановки в плаче, прежде чем подойти к ее кроватке. Так я закреплял не ее крики, а затишье между ними.

Совершенно очевидно, родители должны внимательно следить за тем, какой вид поведения они желали бы закрепить в своем ребенке. Они должны развивать самодисциплину и терпение, а также следить за тем, чтобы средства закрепления и угашения использовались для воспитания ответственного и зрелого поведения.

ВОПРОСЫ И ОТВЕТЫ

В. *Как мне привести моего ребенка к осознанию необходимости ответственного поведения в жизни? Он отчаянно нуждается в таком понимании.*

О. Не нужно заново изобретать колесо. Позвольте мне привести цитату из одной из моих книг, в которой раскрывается суть этой проблемы. Там я говорю об общих целях, которые мы преследуем в период до подросткового возраста. Мы учим детей тому, что каждый их поступок вызывает неминуемые последствия. Самым серьезным упущением в нашем обществе вседозволенности является неспособность связать эти два фактора — поведение и последствия.

Слишком часто трехлетний ребенок выкрикивает оскорбления в адрес своей матери, а мама стоит и в растерянности хлопает глазами. Первоклассник накидывается на учителя, а школьная администрация делает скидку на его возраст и не предпринимает никаких действий. Десятилетнего мальчика ловят с поличным во время кражи CD в магазине, но затем отпускают под залог родителей. Пятнадцатилетний подросток тайком берет ключи от папиной машины, и отец платит штраф за то, что сын нарушил правила дорожного движения. Семнадцатилетний молодой человек водит свой «шевроле» на бешеной скорости, а родители оплачивают ремонт автомашины, когда он в аварии разбивает капот. Видите ли, в течение всего детства родители все время встревают между поведением и его последствиями, нарушая эту связь и мешая своему ребенку усвоить ценные уроки, которые преподносит жизнь.

Таким образом, вполне вероятно, что молодые люди вступают во взрослую жизнь, не поняв того, что жизнь кусается, что каждое движение, которое мы делаем, оказывает непосредственное воздействие на будущую жизнь и что безответственное поведение порождает боль и горе. Такой человек поступает на свою первую работу и в первую же неделю трижды опаздывает на нее. Когда его уволят в сопровождении резких и неприятных слов, ему станет горько и обидно. Впервые в жизни мама с папой не смогли прибежать к нему, чтобы спасти от неприятных последствий. К несчастью, многие родители «выручают» своих детей еще долго после того, как они выросли и живут от них отдельно. Что мы получаем в результате? Такая чрезмерная опека производит эмоциональных инвалидов, которые, как вечные подростки, полностью зависимы от других людей.

Но как связать поведение с его последствиями? Для этого родителям следует позволить ребенку испытать разумный уровень боли или неудобств, когда он ведет себя безответственно. Если Барбара пропустила школьный автобус из-за собственной лени, пусть идет в школу пешком (если только это не опасно для здоровья и жизни) и пусть придет в школу после первого урока. Если Джени по легкомыслию потеряла деньги на школьный завтрак, пусть останется без завтрака. Конечно, нельзя заходить слишком далеко с применением этого принципа и стать жестоким и несгибаемым с незрелым ребенком. Лучше всего поставить перед собой цель научить детей ответственности, приемлемой для их возраста и иногда позволять им вкушать горькие последствия, которые являются естественным результатом безответственного поведения.

В. *Вы говорили о детях, которые манипулируют своими родителями. С другой стороны, разве родители не манипулируют детьми с помощью принципов поощрения и наказания?*

О. Не больше, чем начальник на заводе манипулирует работниками, настаивая на том, чтобы они приходили на работу ровно в девять утра. Не более, чем полицейский, который манипулирует водителями, выдавая им штрафную квитанцию. Не более, чем страховая компания, которая манипулирует тем же водителем, увеличивая его страховой взнос. Не более, чем Внутренняя налоговая служба США, которая манипулирует налогоплательщиком, когда фиксирует его опоздание на один день со сдачей налоговой декларации и заставляет его уплатить штраф за опоздание с выплатой налогов. Слово «манипуляция» подразумевает зловещие или эгоистические мотивы. Я предпочитаю говорить о «руководстве», которое преследует интересы каждого человека, — даже если эти действия приводят к неприятным последствиям.

В. Я преподаю в старших классах средней школы. Каждый день ко мне в кабинет приходят ученики пяти классов. Моя главная проблема заключается в том, чтобы заставить их приносить с собой учебники, тетради и ручки. Я иногда выдаю им ручки и учебники, но они никогда не возвращают их обратно. Что вы можете мне предложить?

О. Я столкнулся с той же проблемой, когда преподавал в старших классах средней школы. Мои ученики делали это не по злобе, просто их умы были заняты другими мыслями, и потому они забывали приносить в школу учебные материалы. Я пробовал разную мотивационную технику, но безуспешно. Я обратился к потребности учеников быть ответственными, но в ответ получил только зевки. Я разразился эмоциональной тирадой, но то был слишком большой заряд моей энергии, впустую потраченной на такую незначительную проблему. Мне нужно было найти что-то более эффективное!

Наконец я пришел к выводу о том, что молодые люди будут сотрудничать со мной только в том случае, если им это будет выгодно. Однажды утром я объявил, что мне безразлично, будут они приносить с собой в школу ручки и тетради или нет. У меня есть двадцать учебников и целая коробка остро заточенных карандашей, которые они могут взять у меня на время урока. Если они забудут принести с собой учебные принадлежности, они могут попросить у меня мои. Я не буду сердиться и не буду их ругать за это, я с удовольствием поделюсь с ними своими ресурсами.

Однако в моем предложении была одна зацепка. Тот, кто взял у меня учебники и карандаши напрокат, должен был простоять в течение целого урока рядом со своей партой (он мог наклониться над ней, если задание было письменное). Я смеялся про себя, когда в последующие дни ребята бегали по классу, пытаясь найти у своих товарищей лишнюю ручку или карандаш и даже учебник. Каждый день в мой класс приходили примерно двести двадцать учеников, но мне пришлось вводить мое правило «стояния» всего одну неделю. Дети очень быстро распознали собственный интерес. Одного случая забывчивости, как правило, было достаточно. Они уже не попадали в ту же ситуацию вторично.

Рискуя быть навязчивым, все же повторю еще раз ценную формулу для управления детьми и подростками: представьте им максимальное количество аргументов в пользу того, что им следует поверить и подчиниться вашим требованиям. Ваш гнев — самое малоэффективное средство мотивации, которое только можно представить.

В. *Если поощрение и наказание должны последовать незамедлительно, почему Бог не действует так с нами, Своими детьми? Люди, похоже, продолжают свое «плохое» поведение годами, а награда тем, кто живет истинно христианской жизнью, придет только после смерти. Но ведь Господь знает о «принципе незамедлительного закрепления»?*

О. Конечно знает. Он Сам сотворил понятия и явления, которые мы наблюдаем и пытаемся понять. Так почему Он не пытается побыстрее закрепить в нас то поведение, которое Он желал бы в нас видеть? Не знаю, хотя этот факт зафиксирован в Писании: «Не скоро совершается суд над худыми делами; от этого и не страшится сердце сынов человеческих делать зло. Хотя грешник сто раз делает зло и коснеет в нем, но я знаю, что благо будет боящимся Бога, которые благоговеют пред лицем Его» (Еккл. 8:11,12).

Скоро осуществляются обетования из Писания или нет, но это самые достоверные и самые надежные слова во всей вселенной. *Последнее слово останется только за Богом!*

В. Что вы думаете по поводу судов по делам несовершеннолетних? Поощряют ли они доброе поведение и пытаются угасить плохое? Эффективны ли они в предотвращении и прекращении подростковой преступности?

О. Не всегда, но их трудно в этом винить. В правление президента Рональда Рейгана в течение трех лет я служил в Национальной консультативной комиссии при Департаменте по делам несовершеннолетних и предотвращению подростковой преступности. Это была интересная, но временами исключительно тяжелая работа. Я наблюдал, как суды в некоторых случаях с завидной последовательностью порождают правонарушителей.

Это произошло, в частности, с одним девятиклассником, который, насколько я знаю, преступил все законы, которые мог нарушить, только для того, чтобы продемонстрировать бессилие закона. Перед тем как совершить очередное правонарушение, Крег хвастался со смехом перед друзьями, что не будет за это наказан. За два года он угнал две машины и один мотоцикл, дважды убегал из дому, трижды изгонялся из школы и один раз задерживался за подглядывание. Я наблюдал, как он уходил из зала судебных заседаний, где в очередной раз получал только предупреждение и нотацию из уст судьи.

Наконец, Крега отослали в лагерь для малолетних правонарушителей, откуда он написал мне письмо с выражением сожаления о содеянном. Теперь он хотел вернуться домой и воспользоваться шансом получить образование. Думаю, Крегу было интересно посмотреть, как далеко он может зайти в нарушении Его величества Закона. Как только он получил ответ на свой вопрос, весь интерес к нарушениям пропал. Его следовало наказать в первый же раз, когда он нарушил стандарты жизни в нашем обществе.

Чудесные средства (часть 2)

Вскоре после получения письма от Крега я разговаривал с известным судьей о явной снисходительности судов. Я спросил его, почему властные структуры по работе с подростками не желают ничего делать с малолетними нарушителями закона, хотя те иногда буквально умоляют о наказании. Судья привел две причины такого отношения своих коллег:

1. Для таких, как Крег, нет достаточных исправительных средств. Трудовые лагеря зарезервированы для более серьезных нарушителей закона.

2. Судьи не реагируют на слабые формы правонарушений, поскольку им приходится иметь дело с такими серьезными делами, как убийства, изнасилования и грабежи. Весьма печально, что судьи ограничены в этом вопросе. Встреча подростка с законом должна быть такой болезненной, чтобы он не захотел вновь совершить ту же ошибку, однако наша судебная система не способна выполнить эту задачу.

Суды по делам несовершеннолетних иногда допускают противоположную ошибку, и тогда с подростком поступают прямо-таки жестоко. Так произошло с Линдой, девочкой, которую я встретил одним дождливым днем. Я работал над докладом в своем кабинете, когда вдруг осознал, что я не один. Я поднял голову и увидел промокшую от дождя, босоногую девочку, стоявшую в дверях. Ей было около пятнадцати лет.

«Вы можете вызвать полицию», — сообщила она мне.

«Зачем мне вызывать полицию?» — спросил я ее.

«Потому что я убежала из... (она назвала близлежащий интернат для малолетних правонарушителей)». Она заявила, что весь день пряталась от представителей власти.

Она сказала, что ее зовут Линда, а я попросил ее сесть и рассказать мне, почему она сбежала из интерната. Она стала рассказывать с самого начала, и позже я выяснил, что она говорила правду. Ее мать была проституткой, которая не заботилась о дочери и не воспитывала ее. Линде даже приходилось оставаться в комнате в то время, когда мать развлекала мужчин. Ребенка, наконец, забрали у матери и взяли под опеку суда. Ее поместили в приют для жертв насилия, но любви и теплого отношения она там тоже не нашла. Мать в течение нескольких лет навещала ее, а потом совершенно о ней забыла.

Линда настолько истосковалась по любви, что убежала, чтобы найти мать. Ее тут же вернули в приют. Через год она снова пыталась убежать с теми же результатами. Линда продолжала попытки к бегству, и каждый раз изобретала новые уловки, чтобы избежать столкновения с полицией. За год до моей встречи с девочкой она снова бежала, но на этот раз ее подобрали несколько ребят-подростков. Они сожительствовали несколько недель и вместе участвовали в преступлениях.

Линду в конце концов арестовали и судили как несовершеннолетнюю правонарушительницу. Ее приговорили к отбытию наказания в центре для девочек-правонарушителей, окруженном сетчатым забором высотой более трех метров. Суд объявил ее злостной и неисправимой преступницей, хотя это было не так. Линда была одинокой, изголодавшейся по любви девочкой, обманутой обстоятельствами жизни. Ей нужны были люди, которые бы позаботились о ней, а не наказывали ее. Возможно, судья был слишком занят, чтобы внимательно изучить ее прошлое, а может, у него не было другой альтернативы для ее исправления. Так или иначе, потребности этого ребенка остались неудовлетворенными в самый важный отрезок ее жизни.

Правосудие по делам несовершеннолетних должно быть снисходительно к таким обездоленным детям, как Линда, и достаточно сурово наказывать таких подростков, как Крег, которые бросают вызов властям. Однако иногда довольно трудно увидеть разницу между этими видами правонарушителей.

ГЛАВА 7

Дисциплина в обучении

Когда я учился в колледже, среди нас ходил слушок об удивительном открытии, касающемся способности человека к обучению. Новая техника, названная «обучением во сне», позволяла наполнить разум человека огромным количеством информации во время сна. Должен сказать, что эта идея мне очень понравилась. Она прекрасно вписывалась в мою программу становления великим человеком за один день и завершения учебы во сне. Поскольку я специализировался на психологии, меня весьма интересовали функции мозга, поэтому я тут же взялся за практическую проверку этой гипотезы.

Я выбрал курс, в котором за семестр нужно было сдать три экзамена. К первым двум экзаменам я готовился очень старательно и заработал приличные оценки, что позволило мне поставить эксперимент на третьем экзамене. Когда день экзамена был назначен, я записал на магнитофонную ленту всю необходимую информацию, специально стараясь ее не запоминать. На одной стороне ленты длительностью в один час было записано достаточно необходимой для экзамена информации. Затем я отправился развлекаться. Пока мои старательные сокурсники корпели в библиотеке над учебниками, я сидел в ресторане с людьми, которые никогда не утруждали себя интеллектуальным трудом. Чувствовал я себя прекрасно.

Ночью я включил магнитофон в розетку, чтобы мой голос диктовал в течение часа моему бессознательному разуму информацию, записанную на ленте. Час спустя я проснулся от щелчка магнитофона, который закончил воспроизводить запись, и поставил таймер на четыре утра. В четыре утра магнитофон прокрутил информацию в течение еще одного часа и разбудил меня в пять утра. Последнее «прослушивание» произошло между шестью и семью часами утра. Так прошла практически бессонная ночь.

Экзамен был назначен на восемь утра. Я пришел зевая и с затуманенными от усталости глазами. Первым делом я заметил, что вопросы, включенные в экзаменационный билет, даже отдаленно ничего мне не напоминали (всегда плохой признак). Но я все еще был уверен, что где-то глубоко внутри разума запрятана вся нужная мне информация. Я вернул билет с ответом, и экзаменатору понадобилось всего несколько минут, чтобы подсчитать количество набранных мной баллов.

В моей группе было семьдесят три человека, и я занял семьдесят второе, предпоследнее место. Мне удалось обогнать на один балл самого тупого студента этого курса, однако чуть позже он обратился к профессору по поводу одного спорного вопроса и получил два дополнительных очка. Таким образом, я оказался самым последним. Единственное, что я получил в результате того опыта, были утомительная и бессонная ночь и ярость моего соседа по комнате, который лишился сна и при лунном свете слушал чушь, которую не хотел знать.

Прошло много лет со времени моей неоперившейся юности, когда я думал, что можно получить что-то, не отдав ничего взамен. Я жестоко ошибался. За все достойное и чего-то стоящее всегда приходится платить. Естественная прогрессия вселенной означает движение от порядка к хаосу, но никак не наоборот. Единственным средством от этого проклятия является инвестиция энергии в какой-либо проект или цель. Если вы хотите усовершенствовать что-либо, *особенно* в области развития интеллектуальных навыков и знаний, оно будет сопряжено с кровью, потом и даже слезами. Другого пути к совершенству нет.

Я считаю, что некоторые педагоги и воспитатели в бурные шестидесятые упустили из виду эту потребность в дисциплине. Они с энтузиазмом искали более легкие пути обучения маленьких детей, пытаясь избавиться от надоевших классных комнат, экзаменов, перехода из класса в класс, правил и требований. Общество менялось, властные структуры выходили из моды, а все традиционные ценности стали выглядеть подозрительными. Почему бы не отбросить привычное и не попытаться изобрести что-нибудь новенькое? А как насчет «свободных» уроков?

Так родилась одна из самых нелепых идей в истории образования. Позвольте мне привести цитату из статьи, которая была напечатана в «Seattle News Journal» от 27 мая 1971 года, в которой восхвалялась идея проведения открытых занятий. Однако прежде позвольте сказать, что эксцессы прошлого в современных школах уже не приветствуются. Я слышал хорошие отзывы о школах в районе Сиэтла, в которых, например, в 1970-е годы экспериментировали с неструктурированными программами. Если те дни прошли, тогда зачем нам вспоминать времена, когда школы пробовали неэффективные методы? Дело в том, что мы не сможем до конца понять, кто мы есть, если не исследуем ту ситуацию, в которой мы когда-то были. Кроме того, мы можем многому научиться из прошлого опыта, когда пропало доверие к авторитету и дисциплине. Нам тоже это нужно потому, что отголоски философии «свободы» до сих пор слышатся в классах и аудиториях учебных заведений нашего общества вседозволенности.

Статья, о которой я говорил выше, называлась «Школа, о которой никто не говорит». Она была написала Джеймсом и Джоном Флахерти. Читая представленные ниже отрывки, представьте, пожалуйста, что в этой школе учатся ваши дети.

Нарисуйте в своем воображении, если сможете, детей от пяти до двенадцати лет, разъезжающих на трехколесных велосипедах по школьным коридорам, рисующих на стенах то, что они хотят, делающих, что их душе угодно, свободно общающихся с учителями и использующих любую лексику. Они сами определяют правила и сами диктуют школьному руководству свои желания, сами решают, какую программу и какое расписание они желают видеть в своей школе в Сиэтле. Думаете, это невозможно? Возможно! Это происходит прямо сейчас в старом парке Сиэтла. И Департамент школьного образования платит по счетам.

Начальная альтернативная школа является экспериментальным проектом в этом регионе. Она начала свою работу в ноябре 1970 года исходя из того, что начальные школы слишком ограничивают детей. Предполагается, что школа должна обучать ребенка в более естественной обстановке, а его мотивация к обучению должна происходить изнутри ребенка. Кроме того, ребенок любого возраста способен сам принимать решения, поэтому ему следует позволить это делать.

Это буквально рай для ребенка. Там нет формального расписания, нет возрастных барьеров, нет разделения на классы и никаких программ. Собственно, если ребенок не хочет учиться читать, считать и писать, пусть не учится.

Во время экскурсии мы не видели никаких классных занятий. Дети, казалось, бесцельно ходят в трех неформальных классах. По всей видимости, ни в одном из них занятия не проводились. Затем мы вошли в подвал соседнего здания, чтобы поговорить с мистером Бернстайном (директором школы). Он отметил, что это «совершенно новая концепция в обучении, как показано А. С. Нейлом из Спрингхилла, прогрессивной школы в восточной части США». Бернстайн сказал, что в колледжах часто применяются непристойные слова и ругательства для привлечения внимания или для того, чтобы довести до сознания какое-то понятие, поэтому он не считает, что подобные выражения причинят вред в Альтернативной школе. «С детьми нужно общаться на языке, который они понимают», — сказал он.

Бернстайна спросили по поводу отсутствия формальных классов и оценок и о том, как шестиклассник с такой системой обучения сможет перейти в среднюю школу. «За шесть лет, — ответил Бернстайн, — возможно, все школы в стране станут подобными нашей, и тогда эта проблема разрешится сама собой».

К счастью, немногие школы экспериментировали с такими экстремальными программами, как эта, но атмосфера тех времен характеризовалась общим презрением к авторитету и дисциплине. Печальный тому пример был явлен в популярной книге, озаглавленной «Саммерхилл», автором которой является А. С. Нейл, о котором упоминал мистер Бернстайн. Когда я учился в аспирантуре, нам всем велели прочитать эту нелепую книгу. Она противоречила всему, что я знал о детях и о самой жизни. Но педагоги и учителя с большим доверием относились к сочинениям Нейла и его трудам, и многие из руководителей школ (как Бернстайн) оказались под воздействием этой попустительской философии.

Саммерхилл в Англии и Спрингхилл в США были учреждениями, где царила вседозволенность с соответствующей легкомысленной философией и нормами, характерными для основателя этого движения, А. С. Нейла. Ученики, постоянно проживающие в школе, могли не вставать с постели по утрам, могли не посещать занятия и не выполнять домашние задания. Они могли не следить за чистотой тела и даже не носить одежду. Больше никогда в истории воспитания не было такой безграничной ложной свободы для детей.

Позвольте мне перечислить элементы философии Нейла, которыми он руководствовался в своей превознесенной программе и которую он страстно рекомендовал родителям по всему миру:

1. Взрослые не имеют права настаивать и требовать от детей послушания. Попытки взрослых заставить детей слушаться направлены на удовлетворение стремления взрослых к власти. Нет оправданий родительскому навязыванию своей воли детям. Дети должны быть свободными. Лучшая ситуация в доме возникает тогда, когда взрослые и дети абсолютно равны между собой. Нельзя требовать, чтобы ребенок что-то делал, если он сам этого не *решил*. Далее Нейл очень долго и подробно доказывает ученикам, что он один из них, но никак не их руководитель.

2. Детей совсем не следует просить работать до тех пор, пока им не исполнится восемнадцати лет. Родители даже не должны требовать, чтобы дети им помогали выполнением небольших поручений или совершением какой-либо незначительной физической работы. Нейл фактически подчеркивает недопустимость обременения детей ответственностью.

3. Детей нельзя приобщать к религии. Религия существует в обществе только для того, чтобы высвободить ложное чувство вины, которое возникает в связи с сексуальными отношениями. Наши концепции о Боге, небесах, аде и грехе построены на мифах. Просвещенные поколения в будущем откажутся от традиционной религии.

4. В соответствии с философией Нейла наказание любого вида категорически запрещено. Родитель, который шлепает своего ребенка, на самом деле ненавидит его, а стремление причинить ребенку боль берет свое начало в

сексуальной неудовлетворенности. В Саммерхилле один подросток разбил семнадцать окон, не услышав в ответ даже упреков.

5. Подросткам следует объяснить, что сексуальная распущенность не имеет никакого отношения к морали. В Саммерхилле не допускали добрачных отношений только потому, что Нейл боялся негодования общественности. Вместе с другими педагогами Нейл иногда ходил раздетым, чтобы возбудить сексуальное любопытство детей. Он предсказывал, что подростки будущего будут жить более здоровой жизнью, благодаря ничем не сдерживаемой сексуальной активности. (На самом деле они приобрели в первую очередь СПИД и другие передаваемые половым путем венерические заболевания.)

6. От детей не следует скрывать порнографических журналов или материалов. Нейл говорил, что купит любую непристойную литературу для любого из своих учеников, кто захочет. Он считал, что таким образом удовлетворит их похотливые интересы, не причинив никакого вреда ребенку.

7. От детей не нужно ожидать выражений благодарности или учтивости по отношению к своим родителям. Более того, их даже не стоит этому учить.

8. Поощрение за хорошее поведение деморализует и унижает ребенка. Это несправедливая форма насилия.

9. Нейл считал книги не важными для школы. Обучение должно состоять в основном из работы с глиной, красками, инструментами и различными формами театрального искусства. Обучение, конечно, ценно, но оно должно идти после игры.

10. Даже если ребенок не успевает в школе, родители никогда не должны упоминать об этом. Ребенок сам решает, чем он будет заниматься.

11. Короче, философия Нейла заключалась в следующем: Уберите все авторитеты, пусть ребенок растет без постороннего вмешательства, учить его не надо, ничего не заставляйте его делать.

Если бы А. С. Нейл был единственным сторонником этих нападок на авторитеты, о нем не стоило бы даже говорить. Однако напротив, он представляет собой крайний пример мировоззрения, который приобретает большую популярность в образовательных кругах. Герберт Р. Кон написал книгу «Открытый класс» и придал более респектабельный вид разумной на первый взгляд концепции средней школы. Хотите верьте, хотите нет, но эта тема более десятилетия была полемической. Теперь за спиной мы имеем более двадцати пяти лет, которые позволяют нам оценить негативные последствия отсутствия дисциплины и уважения к авторитетам в школе. Посмотрите, что произошло с поколением, на которое это движение оказало наибольшее влияние.

В конце шестидесятых годов они пришли к выводу, что Бог умер, и новой моралью стала аморальность. Правильной моделью поведения стало неуважение и отсутствие учтивости, непопулярные законы можно нарушать, а насилие можно считать приемлемым средством изменений (какими были их детские истерики). Власть сама по себе зло, и главное в этой жизни — получение удовольствия, старикам доверять нельзя, ни в чем не стоит проявлять усердия и к своей стране не нужно проявлять ни уважения, ни верности. Все компоненты подобного отношения можно связать с философией, которой учил А. С. Нейл, и многие его современники в это верили. Такая позиция принесла в жертву целое поколение самых ярких и талантливых людей, многие из которых до сих пор страдают от глупостей своей юности!

Эта ложная философия не только положила начало студенческой революции в конце шестидесятых. Она также причинила серьезный вред нашей школьной системе и детям, которые пали жертвой этой системы. В то время я был молодым учителем и испытывал шок при виде того беспорядка, который царил в классах некоторых моих коллег. Это смятение было видно на всех уровнях обучения. Крошечные первоклассники систематически запугивали своих учителей точно так, как это делали неистовые старшеклассники. В некоторых ситуациях целые классы достигали таких успехов в нарушении порядка, что учителя их буквально боялись. Терпимость школьного руководства к подобному непослушанию казалась нелепой, в то время как все это можно было легко устранить. Однако в тех случаях, когда педагоги проявляли твердость, многие родители начинали протестовать и требовали снисходительности к своим детям.

С тех пор прошло много лет, и я видел вступление детей того времени во взрослую жизнь. Я разговаривал с ними лично. Я читал их свидетельства. Я видел их гнев. Одно из самых ярких заявлений было опубликовано в рубрике «Моя очередь» в журнале «Newsweek» от 30 августа 1976 года. Автор этой публикации Мира Волински является продуктом философии, о которой я писал. Об этом повествует ее «Исповедь о растраченной молодости».

«Идея либерального образования понравилась моей свободолюбивой матери в 1956 году, когда мне было четыре года. В городке Гринвич она нашла небольшую частную школу, чьи позиции соответствовали ее ожиданиям, и я была отправлена туда. Я понимаю, что мама это сделала из любви ко мне, но это, пожалуй, было самым страшным ее поступком. Эта школа, я называю ее «Море и Песок», привлекла таких же родителей из средних слоев общества, которые не желали подвергать своих детей давлению, какое испытали сами. «Море и Песок» являлась школой, где не было боли. И это была школа, которую люди, ценившие основы, боялись больше всего. В школе «Море и Песок» я скоро стала образцом свободы от дисциплины — свободы, которой учиться не нужно.

Школой руководили пятнадцать женщин и один мужчина, преподававший «точные науки». Это были приличные люди, разного возраста, и все они были преданы идее развития внутренней творческой силы, которой, как они считали, мы все обладали. Особый упор они делали на искусство. Однако технике нас не учили, потому что любая форма организации мешала творческому процессу.

Счастье и иероглифы. У нас были определенные часы, отведенные под различные предметы, но мы могли пропускать все, что нам не нравилось. Собственно, в соответствии со школьной политикой там делали все, чтобы нам не было скучно и тоскливо и чтобы мы не соперничали друг с другом. У нас не было контрольных и экзаменов, и не было никаких трудностей. Если мне надоедала математика, мне разрешали не заниматься, и я писала короткие рассказы в библиотеке. Историю мы изучали посредством воссоздания ее самых незначительных элементов. В один год мы мололи кукурузу, делали индейские вигвамы, ели мясо диких быков и выучили два индейских слова. Это была ранняя американская история. В другой год мы сделали сложные костюмы, глиняные горшки и идолов из папье-маше. Это была греческая культура. Еще один год ушел у нас на то, чтобы мы превратились в дам и рыцарей, потому что пришла пора изучать Средние века. Мы пили апельсиновый сок из жестяных кубков, но так и не поняли, что означали Средние века. Они так и остались просто Средними веками.

Я знала, что гунны пускали своим лошадям кровь и пили ее перед битвой, но никто так и не сказал нам, что за люди были гунны и зачем нам знать, кто они такие. В год древнего Египта, когда мы строили свои пирамиды, я создала фреску длиной в девять метров и старательно скопировала на ней иероглифы с коричневого листа бумаги. Но никто не сказал мне, что они означают. Просто они находились там, и все это было очень красиво.

Невежество не блаженство. Мы проводили много времени в творческом процессе, потому что наши неизлечимо оптимистичные наставники говорили нам, что счастье следует искать в творчестве. Таким образом, до третьего класса мы не умели читать, потому что чтение, как они считали, могло помешать творческой спонтанности. Единственное, чему нас хорошо научили, сводилось к ненависти ко всему интеллектуальному и тому, что было с ним связано. Соответственно, нас вынуждали творить в течение девяти лет. Тем не менее школа «Море и Песок» так и не произвела хороших мастеров. Мы занимались формированием и переформированием межличностных отношений и думали, что образование в этом и состоит, и были счастливы. В десять лет, например, большая часть учеников была буквально безграмотной, однако мы могли сказать, что Раймонд «выпендривался», когда он посреди того, что можно было с натяжкой назвать уроком английского, вставал на стол и начинал танцевать твист. Или мы могли сказать, что Нина «интроверт», потому что она всегда сидела, съежившись в углу.

Однако когда мы вышли из школы, все маленькие счастливые дети потерпели неудачу. Мы испытывали ошеломляющее чувство отчужденности от мира. Как и наши родители. После уплаченных за обучение денег, не говоря о любви и свободе, их дети столкнулись с необходимостью продолжать обучение в старших классах обычных школ вместе с самыми бедными детьми из трущоб. Так и случилось. И не важно, в какой школе мы оказались, в любом случае мы не могли адаптироваться к требованиям школы и окружающей среды.

Для некоторых из нас реальная жизнь оказалась слишком жесткой, одна из моих старших подруг из школы «Море и Песок» два года назад покончила с собой после полного академического провала в двадцать лет в одной из худших школ Нью-Йорка. Многие другие проводят время в психиатрических заведениях, где они снова свободны и могут творить во время реабилитационных занятий.

Во время моей учебы в старших классах обычной школы школьный психолог был поражен отсутствием у меня элементарных знаний. Он предложил моей матери провести меня через серию психологических тестов, чтобы выяснить, почему я блокирую восприятие информации. Но все дело было в том, что я ничего не блокировала, потому что у меня вообще не было никакой информации, которую я могла бы блокировать. Большая часть моих товарищей из школы «Море и Песок» столкнулись с серьезными проблемами, характерными для умственно неполноценных детей. Неудивительно, что мои собственные способности в чтении, например, оценивались на самом низком уровне. Учителя часто меня спрашивали, как я вообще попала в среднюю школу. Однако мне удалось не только закончить среднюю школу, но даже поступить и закончить колледж, а потом и Нью-Йоркский университет, все время с ужасом памятуя о том, как меня учили. Я до сих пор удивляюсь тому, что у меня степень бакалавра гуманитарных наук.

Привлекательность образования. Родители моих бывших одноклассников так и не поняли, что было не так в прежней школе. Они отправили в школу ярких и любознательных детей, а девять лет спустя получили обратно беспомощных и растерявшихся подростков. Некоторые могут сказать, что слабые в любом месте проявили бы слабость, но когда видите в других школах подобную эксцентричную модель поведения, вы можете прийти к ужасающим выводам.

Сегодня я вижу, как мой двенадцатилетний брат (который учится в обычной школе) выполняет задания по математике на уровне колледжа и знает намного больше помимо математики из того, чего не знаю я. Я также вижу, как традиционное образование действует в случае с моим пятнадцатилетним братом, который был взят из школы «Море и Песок» в возрасте восьми лет моей матерью, которая вовремя образумилась, и поэтому мой брат не стал таким, как я. Теперь, после семи лет обычного образования, он делает впечатляющие документальные фильмы. Это лучший опыт по сравнению с игрой в странников в течение четырех с половиной месяцев и в индейцев в течение еще четырех с половиной месяцев, как это было в школе «Море и Песок».

Теперь я понимаю, что истинное предназначение школы состоит в том, чтобы включить ученика в сеть знаний, а если он будет сопротивляться, затащить его туда. Как жаль, что этого не сделали со мной в свое время».

Со стороны редактора «Newsweek» было благородно опубликовать эту эмоциональную исповедь Миры Волински. В конце концов популярная пресса всегда была вовлечена в эту проблему, восхваляя добродетели авангардных тенденций в школьном обучении. Например, журнал «Newsweek» посвятил главную статью от 3 мая 1971 года с иллюстрацией на обложке теме обучения в процессе игры. На обложке можно было видеть девочку из начальной школы, которая что-то делала из папье-маше. Четыре года спустя статья с иллюстрацией на обложке задала вопрос о том, «почему Джонни не умеет писать». После выхода второй статьи от 8 декабря 1975 года я написал главному редактору журнала письмо с предположением о том, что, возможно, между этими двумя историями существует тесная связь. Может быть, Джонни не умеет писать именно потому, что слишком много времени проводил за игрой. На мое письмо никто не ответил.

Пожалуйста, поймите меня правильно, я не против включения искусства в программу обучения и тоже хочу, чтобы учебный процесс был интересным и как можно более веселым. Но дети не научатся читать, писать и считать, делая папье-маше. Многие из них не захотят самостоятельно прилагать усилия к учебе, если их не заставить! Некоторые педагоги не соглашаются с такой постановкой вопроса и считают, что дети будут потеть и стараться, потому что у них есть врожденная тяга к знаниям.

Можно привести слова бывшего руководителя Департамента образования в штате Калифорния: «Говорить, что у детей имеется врожденная любовь к обучению, так же смешно, как утверждать, что у детей имеется врожденная любовь к бейсболу. У некоторых действительно есть. А у других нет. Предоставленные самим себе, многие маленькие дети отправятся удить рыбу, затеют драки, станут дразнить девочек или смотреть ящик для дураков. То же самое сделаем и мы с вами!»

Весьма ценное наблюдение. Чаще всего ученики не станут вкладывать в свое обучение ни на йоту больше стараний, чем требуется, и этот факт в течение многих столетий приводил учителей в отчаяние. Поэтому наши школы должны обеспечить себя соответствующей структурой и дисциплиной, чтобы *потребовать* определенного поведения от своих учащихся. Это выгодно не только для процесса обучения, но и потому, что одной из целей образования является подготовка молодых людей к жизни.

Чтобы взрослому человеку выжить в этом обществе, нужно уметь работать, приходить на работу вовремя, уметь взаимодействовать с другими людьми, довести начатое дело до конца и подчиняться начальству. Короче, нужна добрая мера самодисциплины и контроля, чтобы выполнить требования, которые предъявляет современная жизнь. Может быть, поэтому один из самых драгоценных даров, который дарит любящий учитель юным ученикам, состоит в том, чтобы научить его сидеть, когда хочется бегать, поднимать руку, когда хочется говорить, быть вежливым с ближними. Ребенок должен научиться стоять рядом с другими детьми, не толкаясь, и заниматься языками, когда хочется играть в футбол.

Таким образом, я надеюсь увидеть школы, в которых снова приняли бы приемлемую ученическую форму, отказавшись от вызывающей одежды, футболок с непристойными надписями или терминологией тяжелого рока и тому подобным. Следует также внедрить в школы осознание необходимости следить за своим внешним видом и чистотой.

Знаю! Знаю! Все эти понятия настолько чужды для нас, что их трудно даже представить. Но преимущества их внедрения будут видны сразу. Следует признать, что прически и сиюминутная мода не имеют практического значения, но приверженность принятым стандартам является важным элементом дисциплины. Военные демонстрируют понимание этого в течение пяти тысяч лет! Если исследовать секреты удач успешной футбольной команды, популярного оркестра или преуспевающего бизнеса, принципиальным ингредиентом в каждом из них будет та же дисциплина. Значит, мы совершаем величайшую ошибку, если ничего не требуем от детей и не предъявляем никаких требований к их поведению. Нам всем нужно придерживаться определенных разумных правил.

Несомненно ложным является мнение о том, что самоконтроль развивается в большей степени тогда, когда окружение не накладывает на ребенка никаких обязательств. Как глупо полагать, что самодисциплину можно назвать продуктом потворства своим желаниям! Как печально видеть систематический подрыв правил обучения, организованный меньшинством родителей посредством Американского либерального гражданского союза и усталых старых судей, к которым они обращаются. Несмотря на волю большинства, противники дисциплины добились своего. Правила, ограничивающие поведение учеников, были урезаны, а на их место пришли мириады ограничений для преподавателей. Школьные молитвы считаются нелегальными, даже если ученики обращаются к абстрагированному Богу. Библию можно читать только в качестве недуховной литературы. Нельзя требовать почтительного отношения к нашему флагу. Теперь учителям очень трудно наказать или исключить из школы ученика. Учителя настолько отчетливо осознают враждебность и воинственность родителей, что часто не могут сопротивляться непослушанию учеников. В результате в некоторых государственных школах академическая дисциплина отмирает.

Предложение восстановить стандарты и разумные правила в тех школах, где они были отменены (многие их *не отменили*), прозвучит для ушей некоторых западных педагогов и родителей ужасающе деспотическим требованием. Однако так быть не должно. Работа в классе может быть веселой, радостной и строго структурированной в то же самое время. И действительно, именно это происходит в японских, российских и английских школах. Именно по этой причине мы оказываемся на задворках, когда нашим детям приходится участвовать в конкурсах по академическим достижениям с представителями других стран.

Мы конечно слышали о международных конкурсах по достижениям. Вы знаете, что наши ученики выглядят жалко по сравнению с молодыми людьми из других стран. Ученики старших классов американских школ недавно заняли четырнадцатое место из пятнадцати стран в конкурсе по алгебре. Их оценки были ниже, чем у учеников из практически всех промышленно развитых стран. Согласно данным Министерства образования США только один из пяти восьмиклассников обладает необходимыми знаниями, соответствующими его возрасту. Соединенные Штаты занимают только сорок девятое место из ста пятидесяти восьми членов Организации Объединенных Наций по уровню грамотности населения. Качественный уровень подготовки выпускников падает с каждым годом все ниже.

Однако прежде чем обвинять педагогов за все неверные решения, нам нужно еще раз взглянуть на культуру. Учителя и школьная администрация, которые руководят нашими детьми, были среди самых опороченных и недооцененных людей в нашем обществе. Их легко сделать объектом нападок. Они призваны к выполнению исключительно тяжелой работы, но тем не менее их критикуют почти ежедневно за обстоятельства, которые находятся вне зоны их контроля. Некоторые критики ведут себя так, словно преподаватели специально портят нам детей. Я совершенно с этим не согласен. Даже если профессионалы в школах будут все делать правильно, мы по-прежнему будем сталкиваться со множеством серьезных проблем в наших школах. Почему? Потому что все, что происходит в классах, невозможно отделить от событий, происходящих в обществе в целом.

Педагогов определенно нельзя винить за условия, в которые попадают наши дети в школах. Не учителя виновны в том, что семьи распадаются и что большая часть детей подвергается сексуальному и/или физическому надругательству, что эти дети не ухожены, недокормлены и заброшены. Они не могут запретить детям просмотр бездумных телевизионных передач или запрещенных видеофильмов до полуночи. Они не могут оградить детей от употребления алкоголя и наркотиков. По сути, когда культура начинает разваливаться от массовых социальных проблем, которые не разрешаются, школы тоже испытывают влияние этого процесса. Вот почему хотя я и не соглашаюсь со многими направлениями в современном образовании, я сочувствую преданным своему делу учителям и директорам, которые пытаются сделать невозможное ради своих юных подопечных. Они сегодня оказались в отчаянном положении, и им нужна наша поддержка.

И все же существуют шаги, которые можно предпринять для исправления ошибок прошлого и создания соответствующей атмосферы для обучения. На уровне среднего образования мы можем и *должны* сделать школы безопасным местом для учеников и учителей. Оружие, наркотики и подростковый период создают смертельно опасную смесь. Трудно поверить, что мы допустили эту смесь в наших детских учреждениях. Неудивительно поэтому, что некоторые дети и думать не могут об учебе. Сама их *жизнь* в опасности! Да, мы сможем уменьшить насилие, если возьмемся за эту задачу. Вооруженная охрана? Может быть. Металлические детекторы? Если нужно. Больше исключений из школы? Вероятно. Разумные и требовательные руководители? Определенно. Школы с сильными лидерами, как, например, Джо Кларк, который в средней школе Истсайд в Паттерсоне, штат Нью-Джерси, совершил поразительный прогресс в улучшении условий пребывания в школе. Помимо всего прочего мы должны сделать все, что нужно, чтобы утихомирить конфликтные зоны в средних и старших классах средней школы.

Мы, однако, не разрешим постоянно распространяющихся проблем современного поколения учеников средней школы. Наша долгосрочная надежда заключается в том, чтобы начать с малышей, которые приходят в первый класс начальной школы. Мы можем переписать правила для этих доверчивых малышей. Давайте пересмотрим обучение в младших классах, чтобы ввести бо́льшую меру дисциплины. Я говорю не только о более трудных заданиях и дополнительной домашней работе. Я рекомендую ввести больше порядка и контроля на занятиях в классе.

Будучи первым официальным голосом в школе, учитель начальных классов находится в положении, когда он может создать позитивные основы для отношений, которые впоследствии смогут строить другие учителя, или, наоборот, этот учитель может внедрить в своих учеников презрение и неуважение к другим людям. Учителя в течение первых шести лет в основном формируют природу отношения ребенка к авторитету и атмосфере, в которой проходит обучение в средних и старших классах школы (и далее).

Как уже говорилось ранее, я преподавал в школе в течение нескольких лет до поступления в аспирантуру и многое понял из того, как дети мыслят на основании повседневных событий, а не из того, что они черпают из учебников. Было также весьма поучительно наблюдать дисциплинарные методы, которые применялись другими учителями. Одни прекрасно владели дисциплиной в классе, прилагая к этому небольшие усилия, другие постоянно переживали унижение, сталкиваясь с непослушанием детей. Я видел, что существует фундаментальная разница между их подходом к классу.

Неопытный учитель стоит перед классом и пытается ему понравиться. И хотя большая часть хороших учителей действительно хотела бы нравиться детям, некоторые из них буквально зависимы от приятия или неприятия детей. В первый же день учебы в сентябре новая учительница, мисс Пич, разговаривает с детьми и сообщает им следующее: «Я так рада, что мы с вами будем вместе трудиться. Нам будет очень весело, у нас с вами будет много интересных дел, мы будем рисовать фрески на всю стену. Мы будем гулять в парках и играть в разные игры… В общем, это будет интересный год. Вы меня полюбите, я полюблю вас, и жизнь превратится просто в праздник».

Ее программа состоит из радости и развлечений, забавных занятий, которые для нее являются залогом приятия классом. Первый день проходит хорошо, потому что ученики немного сдержанны в начале учебного года. Но через три дня маленький Буч свешивается из-за стола, потому что желает, как и весь класс, знать, насколько далеко можно зайти с мисс Пич. Ему также хочется завоевать титул самого крутого парня в классе, и вполне вероятно, что он заработает это звание за счет мисс Пич.

В хорошо рассчитанный момент он бросает ей вызов небольшим актом непослушания. Но мисс Пич менее всего желает конфликта, потому что она очень надеется в этом году вообще избежать таких неприятных вещей. Она не принимает вызов Буча и предпочитает сделать вид, что не замечает невыполнения поставленной перед ним задачи. Так он выигрывает первое незначительное столкновение. Все в классе видели, что произошло: ничего страшного, Буч вышел из битвы без единой царапины.

На следующий день Мэтью чувствует себя вдохновленным успехом Буча. Вскоре после утреннего приветствия он проявляет более откровенное непослушание, чем Буч, но мисс Пич опять игнорирует этот акт неповиновения. Начиная с этого момента и далее хаос нарастает и усиливается. Две недели спустя мисс Пич начинает замечать, что дела идут не совсем хорошо. Каждый день ей приходится много кричать. Она не понимает, как все это началось, ведь она никак не собиралась быть сердитой учительницей. К февралю жизнь в ее классе становится невыносимой, каждый новый проект, который она предлагает, сталкивается с саботажем из-за ее неспособности контролировать ситуацию. Затем начинает происходить то, чего она хотела меньше всего: ученики открыто проявляют свое презрение к ней. Они придумывают для нее клички и смеются над ее слабостями. Если у нее есть физический недостаток, например, большой нос или плохое зрение, они постоянно ей об этом напоминают. Мисс Пич на переменках украдкой плачет и не может допоздна уснуть. К ней в класс приходит директор, видит анархию и говорит:

«Мисс Пич, вам следует установить в классе порядок!» Но мисс Пич не знает, как установить контроль над классом, потому что не понимает, как она его утратила.

Доказано, что восемьдесят процентов учителей, ушедших из школы после первого же года работы, приняли это решение из-за неспособности установить в классе дисциплину. В некоторых колледжах и других учебных заведениях, которые готовят учителей, эта потребность восполняется специальными курсами, на которых будущие педагоги изучают методы контроля. Но не везде такие курсы существуют! Некоторые государственные законодательные учреждения требуют формального курса, который призван помочь учителю выполнить это первое требование для успешной работы в классе. Но другие этого не требуют, несмотря на то, что обучение в классе, где отсутствует дисциплина, просто невозможно.

Сравните другой подход со стороны опытной учительницы, миссис Джастис. Она тоже хочет получить любовь класса, однако прекрасно осознает свою ответственность перед учениками. В первый же день в школе ее приветственная речь отличается от речи мисс Пич. В частности, она говорит классу: «У нас с вами будет хороший год, и я рада, что вы мои ученики. Вы должны знать, что каждый из вас очень для меня важен. Надеюсь, что вы всегда будете задавать интересующие вас вопросы, и вам понравится учиться в этом классе. Я никому не позволю смеяться друг над другом, потому что это больно и неприятно. Я никогда не поставлю вас в неудобное положение намеренно, и я хочу быть вашим другом. Ну, а теперь, поскольку у нас с вами много работы, давайте начнем трудиться. Откройте, пожалуйста, учебники по математике на странице четыре».

Похоже, миссис Джастис знает, что делает. Тем не менее копия Буча в этом классе через три дня дает о себе знать.

В каждом классе есть по меньшей мере один Буч. Если в течение года один Буч покидает класс, на его месте появляется другой демагог. Он едва заметно бросает вызов миссис Джастис, но ее нельзя застать врасплох. Она этого ждала и потому наносит ответный удар. Он терпит поражение! Все в классе это поняли: не стоит нападать на миссис Джастис. Ух ты! Бедный Буч тоже об этом пожалел уже не раз.

После этого миссис Джастис обращается к классу с маленькой речью, которую специально приготовила на такой момент. Она говорит: «Каждому из вас следует понять кое-что. Ваши родители доверили мне ответственность за то, чтобы в этом году я научила вас некоторым важным вещам, и я не хочу их разочаровать. Я должна подготовить вас к усвоению материала, который вы будете изучать на будущий год. Вот почему я не могу позволить никаким хвастунишкам помешать моей работе. А теперь, если кто-нибудь попытается отвлечь класс от занятий, то скажу вам, что этот год будет для вас тяжелым и мучительным. У меня много способов внести в вашу жизнь дискомфорт, и я без промедления использую эти способы. Есть вопросы? Нет? Хорошо, давайте вернемся к работе».

Затем миссис Джастис следует одному правилу, согласно которому она впервые улыбнется только на День благодарения. К ноябрю эта компетентная учительница достигает своей цели. Класс знает, что она круче, умнее и смелее, чем они сами. И тогда наступает время для добрых вестей — они могут получить удовольствие от этого осознания. Она может несколько ослабить контроль, класс может вместе посмеяться, вместе поговорить и поиграть. Но когда она говорит, что пора приниматься за работу, они выполняют повеление, потому что знают, что она может ужесточить условия. Она никогда не кричит. Никогда не поднимает на детей руку. Собственно, она может продемонстрировать личную привязанность, в которой так нуждается большая часть детей. Класс отвечает ей глубокой любовью, которую все тридцать два ученика никогда не забудут. Миссис Джастис в результате получает величайший источник удовлетворения, какой только можно получить в учительской профессии: осознание глубокого влияния на человеческие жизни.

Позвольте мне добавить в заключение, что сегодня в государственных и частных школах есть тысячи таких учителей, которые вкладывают свою жизнь в учеников. Их следует отнести к самым почитаемым членам нашего общества из-за их вклада в развитие человеческого потенциала. Мы все можем вспомнить свою миссис Джастис, которая в первые годы школьного обучения вдохновила нас своей любовью и помогла стать такими, какие мы есть теперь.

В моей жизни много людей, которых я почитаю в своем сердце. Я вспоминаю миссис Маканалли, мою учительницу по английскому языку в старших классах средней школы. Она была твердой, как кремень, но я очень любил ее. Я думал, что она загоняет меня до смерти своими заданиями, но она научила меня основам грамматики. Она также научила меня держать язык за зубами и слушать, что мне говорят. В колледже и аспирантуре были сильные профессора, которые сформировали и отточили мое мышление. Это доктор Эдди Харвуд, доктор Пол Кулбертсон, доктор С. И. Мейерс и доктор Кен Хопкинс. За исключением доктора Мейерса, который уже умер, все они сегодня стали моими добрыми друзьями. Я перед всеми ними в неоплатном долгу.

В каждом случае, однако, их вклад в мою жизнь произошел *через дисциплину*. Формальное образование без нее невозможно. Скучные профессора, которые ничего с меня не требовали и ничего не давали, были очень скоро забыты. Те, кого я сегодня помню, вкладывали в меня самих себя, но в ответ требовали от меня все самое лучшее, что есть во мне.

Осознает ли ваша районная школа необходимость структуры, уважения, преданности делу и дисциплины в классе? Если осознает, почему бы вам не позвонить учителю своего ребенка и не выразить ему свою признательность и благодарность? Им такая поддержка очень нужна. Скажите, что вы готовы помогать им в исполнении их важной миссии. Но если ваша школа ориентирована на другое, помогите школе изменить это направление. Организуйте встречу с родителями. Вступите в Ассоциацию родителей и учителей. Проверьте содержание учебников. Выбирайте таких членов Совета директоров школы, которые верят в традиционные ценности и качество обучения. Школа лучше всего функционирует тогда, когда преобладают доказанные временем принципы контроля со стороны родителей. Я верю, что такой подход станет началом возрождения школы.

Теперь мы перейдем к вопросам, связанным с беспристрастными и абсолютно объективными мыслями, а затем посмотрим на родственный аспект дисциплины в обучении.

ВОПРОСЫ И ОТВЕТЫ

В. *Мне бы хотелось знать, что имела в виду миссис Джастис, когда она сказала классу, что у нее есть много способов заставить непослушных детей почувствовать дискомфорт. Я чувствую себя беспомощной в своем классе. Какие есть альтернативы, учитывая ограничения, наложенные на учителей?*

О. Если школа ратует за дисциплину и порядок в классе, миссис Джастис может многое сделать в случае необходимости. Прежде чем я предложу вашему вниманию пару советов, позвольте мне сказать, что сильному учителю редко приходится прибегать к исполнению угроз точно так, как отцу, который строже, чем мать, редко приходится наказывать детей. В уверенном лидере есть что-то такое, что говорит окружающим его людям: «В общении со мной не заходите слишком далеко». Иногда это просто убедительная маска. В других случаях такие люди сумели разобраться с первым же вызовом, как, например, миссис Джастис. Третьи учителя просто умеют наладить дисциплину, используя для этого свою любовь к ребенку. К сожалению, этим навыкам не так-то просто научиться или выразить их в виде формулы в учебнике. Им *можно* научиться из опыта или при работе с хорошей ролевой моделью.

Моя жена, которая была чудесной учительницей и прекрасно справлялась с детьми, у другой учительницы, которая тоже преподавала во втором классе, научилась одной технике. Эта женщина использовала очень эффективный подход к семилетним детям в своем классе. Она разговаривала очень тихо, так что вынуждала детей внимательно вслушиваться в ее слова. Каким-то образом ей удавалось своей тихой и спокойной манерой речи руководить тридцатью ребятами. В течение всего учебного года ее класс был скорее похож на читальный зал в публичной библиотеке, в котором люди ходят очень тихо и разговаривают шепотом. Это был впечатляющий, Богом данный дар. У некоторых он есть от природы. Другим приходится тяжело работать над развитием этого качества.

Позвольте мне подойти к этой проблеме с конкретных позиций. Представим ситуацию, когда развязные ученики намерены устроить из занятий шоу, что тогда? Все зависит от возраста учеников, конечно, но давайте поговорим, скажем, о шестиклассниках. Во-первых, нужно понять, что стоит за таким мятежным поведением. Обычно шумный ребенок пытается привлечь к себе внимание всей группы. Некоторые дети предпочитают выглядеть лучше несносными, чем совсем незамеченными. Для них анонимность неприемлемая вещь. Идеальный вариант сводится к тому, чтобы погасить их вызывающее поведение, а затем удовлетворить их потребность в принятии при помощи менее разрушительного поведения. Здесь нам может помочь конкретный пример.

Я работал с легкомысленным шестиклассником Лари, который говорил без умолку. Он постоянно нарушал порядок в классе, демонстрируя нескончаемую глупость, изрекая премудрые замечания и позволяя себе грубые выходки. Мы с его учителем соорудили изолированный уголок в классе, откуда ему не было видно ничего, кроме передней части класса. Соответственно Лари получал неделю изоляции каждый раз, когда нарушал дисциплину, и это решение эффективным образом погасило поддержку со стороны класса. Естественно, за экраном он мог вести себя по-прежнему глупо, но он не видел эффекта, который производили его выходки на класс, а класс не видел его. Кроме того, каждая его выходка продлевала срок его приговора.

Лари провел примерно месяц в изоляции, прежде чем процесс погашения был завершен. Когда он вернулся в общество, его учитель стал немедленно поощрять его к сотрудничеству. Ему давали поручения высшего статуса (посланник, сержант и т. д.) и хвалили за достигнутые успехи. Результаты были поразительными.

Иногда подобные методы в классе не работают. Это следует признать. *Универсальных* рецептов не бывает. В таких случаях я рекомендую применить подход, который называется «систематическое изгнание». Родителей приглашают на встречу и объясняют, что их ребенок ведет себя абсолютно неприемлемым образом. Затем им дают понять, что единственное условие, которое позволит ему остаться в школе, состоит в том, что ученик, родители и школа заключают между собой трехстороннее соглашение. В нем говорится о том, что в случае необходимости маму или папу вызывают в школу, чтобы они забрали своего ребенка. Ребенку говорят, что он каждое утро может приходить в школу, но как только он нарушает какое-нибудь четко определенное правило, его тут же отправляют домой. Никакие протесты в таких случаях не помогут. Его могут выгнать из школы в 9.01, если он толкнет другого ребенка при построении. Второго шанса в тот день уже не будет, однако на следующее утро ребенок снова может вернуться в школу.

Несмотря на распространенное мнение, согласно которому дети ненавидят школу, большая часть их в еще большей степени не любит оставаться дома. Дневное телевидение довольно утомительно, особенно под пристальным оком мамы, которой приходится оставить свои дела, чтобы забрать своего неуправляемого ребенка. В условиях такого непрерывного наблюдения своенравное поведение очень быстро погашается. Ребенку становится просто невыгодно бросать вызов всей системе. Затем к нему применяется закрепление позитивных результатов в виде различных поощрений за его старания в учебе и поведении.

Я работал в классе модификации поведения еще с одним учеником, которого считали самым неуправляемым ребенком в нейропсихиатрической больнице Лос-Анджелеса. Через четыре месяца корректировки его поведения он смог перейти в обычный класс нормальной школы. *Если вы сможете контролировать переменные величины, то, как правило, вы сможете повлиять на поведение человека.*

И, наконец, позвольте мне вернуться к первому комментарию в ответ на ваш вопрос. Все зависит от политики конкретной школы. Если руководство ратует за дисциплину и структурированность обучения, контроля *можно* добиться. Тогда учитель не одинок в войне с тридцатью энергичными, хихикающими, болтливыми личностями, которые перевешивают его числом. В этом случае учитель превращается в полицейского в патрульной машине. В любой момент он может вызвать подмогу, и никто не обвинит его в том, что у него возникла нужда в поддержке.

Каждый учитель должен знать, что директор стоит на его стороне в борьбе за дисциплину. Поскольку я сам работал учителем, могу сказать, что я вообще не стал бы работать в школе, где дисциплину игнорируют сверху.

В. *Вы не упоминаете телесные наказания в качестве сдерживающего фактора в школьном воспитании. Считаете ли вы возможным телесные наказания учеников?*

О. Телесные наказания неэффективны в старшем школьном возрасте, поэтому я не рекомендую их применение. Их применение может оказаться полезным по отношению к ученикам начальной школы, особенно в случае с кривляньем и клоунадой (в отличие от агрессивных и уже ожесточившихся детей). Я против отмены такого наказания в школах еще и потому, что мы систематически лишаем учителей средств, при помощи которых они подтверждали бы свои слова. Таких средств у нас осталось очень мало. Давайте прекратим дальнейшее их сокращение.

В. *Приведите еще один пример дисциплины в классе. Учителям нужны все имеющиеся методы подтверждения их лидерского положения в классе. Опишите систему, которая будет работать в этом направлении.*

О. Вот одна идея, которую вы можете попробовать. Моя жена Ширли преподавала в школе в течение пяти лет, до рождения нашей дочери. Через несколько лет после рождения Данаи Ширли решилась на почасовое преподавание, чтобы помочь мне окончить аспирантуру. Когда она вернулась в школу, то сразу заметила, что класс почасовику контролировать намного труднее, чем штатному преподавателю.

«Ура! — кричали ребята, завидев ее. — Сегодня мы повеселимся!»

Мы с Ширли сели и обсудили проблемы, с которыми она каждый день сталкивалась в работе с детьми со второго по пятый класс. «Любви здесь будет недостаточно, — сказала она. — Мне нужен какой-то рычаг, чтобы сохранить в классе порядок».

Мы вместе подумали и пришли к концепции, которую назвали «Волшебный мел». Вот как работает этот метод. Ширли пришла в класс пораньше и нарисовала в левом углу доски череп. Под ним она написала: «Ядовитый список». Рядом со страшным рисунком она поместила листок бумаги. Затем она открыла дверь и пригласила учеников войти. Она приветливо поздоровалась с детьми, но ничего не сказала о черепе. Очень скоро кто-то из детей поднял руку и спросил то, что хотелось знать каждому: «Что это за картинка на доске?»

«Ах, да, — сказала миссис Добсон, — я же хотела рассказать вам о Ядовитом списке. Во-первых, — начала она, — сегодня я расскажу вам о правилах работы в классе». Она объяснила, что для того, чтобы что-то сказать или выйти из класса, ученик должен поднять руку, сидеть на месте, пока учительница не разрешит встать и покинуть класс, и если кому-то нужно заточить карандаш или попросить бумагу, для этого тоже нужно поднять руку, и так далее.

«Но если вы забудете и нарушите эти правила, вы сами запишете свои имена на доске слева от ядовитого символа. В этом ничего страшного нет. Но если вы запишете свое имя на доске, а впоследствии рядом с ним появятся две пометки о нарушении правил — *тогда* (грозным тоном) ваше имя отправится в Ядовитый список. Я могу лишь сказать вам — *не надо* этого делать! Старайтесь не попадать в этот Ядовитый список!» Ширли так и не сказала, что же будет с несчастными нарушителями, если их имена попадут в Ядовитый список, но само предупреждение *прозвучало* страшно. Она намекнула, что тогда к делу подключится директор, но не сказала, как именно и что тогда будет.

Затем Ширли быстро подошла к своему столу, на котором лежал новенький кусочек мела.

«Кто-нибудь знает, что это такое?» — спросила она весело.

«Это кусок мела», — подал голос кто-то из ребят.

«Не совсем, — ответила миссис Добсон. — Он выглядит, как обыкновенный мел, но на самом деле он важнее. Это *Волшебный мел*. Можете не поверить, но этот маленький, беленький мелок обладает способностью все слышать. У него по бокам есть крошечные глазки, поэтому он видит вас. А здесь у него маленькие ушки. Волшебный мел будет сидеть на краешке моего стола, наблюдать за вами и слушать, что вы говорите. Он ищет тех мальчиков или девочек, которые работают очень старательно и сидят очень спокойно. И если он найдет такого, то тут же появится на столе этого ученика.

Если Волшебный мел выбрал кого-нибудь, даже не спрашивайте, что вам делать. Берите его в руки, идите к доске и напишите свое имя на правой стороне доски. Тогда каждый, кто оказался в этом списке, получит особое поощрение. — Читатель, вы готовы услышать о том, что это за поощрение? — В конце занятий вам разрешат уйти из школы на три минуты раньше».

«Подумаешь», — скажете вы. Однако важны не собственно три минуты, но статус избранности Волшебным мелом, тот факт, что твое имя красуется на доске с правой стороны и весь мир это видит, и, главное, ты выходишь из класса, когда все остальные сидят, — это здорово! Ребята испытывали волнение, когда на их столах оказывался Волшебный мел, и потому все они старательно работали, чтобы добиться этой награды.

Система работала безотказно, потому что детям она очень понравилась. В течение почти двух лет, пока Ширли работала в этих классах, большая часть мальчиков и девочек попадали в список Волшебного мела. Но за все это время ни разу ни один ребенок не попал в Ядовитый список.

Думаю, этот подход обладает всеми компонентами, необходимыми в системе поддержания дисциплины. Во-первых, детям весело работать с такой системой. Во-вторых, они получают поощрение за хорошую работу и подвергаются наказанию за плохую работу и поведение. В-третьих, учителю не надо ни сердиться, ни нервничать. И, в-четвертых, ее очень легко использовать в работе.

Используйте свое воображение и творческие способности, чтобы придумать собственную программу. Дети в начальной школе очень любят игровые ситуации, они всегда оценят фантазию, запутанные символы или задачи. А вот старших школьников чем-то увлечь намного труднее.

В. *Не было ли родителей, учителей или представителей администрации, которые выступили бы против употребления Ширли символов смерти? Не были ли они против того, что дети на три минуты раньше появлялись в школьных коридорах без сопровождения учителя? И как насчет ассоциации детей с ядом — смертельным средством?*

О. Никто эту систему не критиковал, насколько я знаю, хотя вполне *могли бы*. Любая дисциплинарная система найдет сегодня противников. Можно оставить ребенка за плохое поведение после занятий («Он без этого устал за долгий рабочий день»), или заставить его написать одно предложение сто раз («Бессмысленная трата сил и никакого назидания»). Если ребенка не допустить к занятиям («Мы принципиально против такой меры наказания») или подвергнуть телесному наказанию («Это не работает, и кроме того, это жестоко»), в любом случае, нет ни одной дисциплинарной меры, которая бы не вызвала в ответ шквал критики. Я думаю, однако, что учителям стоит позволить некоторую свободу ради общего блага. Иначе в классах воцарится полный хаос.

В. *Мира Волински в своей «Исповеди» сказала, что в школе «Море и Песок» не прибегали к организации или структуре класса, потому что они не способствуют развитию творческих способностей. Я слышал подобные высказывания уже не раз. Чем можно подтвердить это заявление?*

О. Мы все слышали о том, что жесткая дисциплина мешает проявлению творческих способностей, и в этой связи даже проводились исследования, которые должны были подтвердить этот принцип. Но мне кажется, что творчество может процветать только тогда, когда в группе будет порядок, который позволит детям сконцентрировать свои мысли на цели. Хаос и творчество несовместимы. С другой стороны, слишком давящая атмосфера тоже мешает процессу обучения, как показывают исследования. Похоже, все вращается вокруг понятия *баланс*, или равновесие, и именно к нему нужно стремиться в процессе работы в классе.

В. *Как бы вы поступили, если бы ваш ребенок учился в начальных классах с учителем, который не может соблюдать порядок, и поэтому в классе царит полный хаос?*

О. Я бы сделал все возможное, чтобы перевести моего ребенка в другой класс к хорошему учителю. За десять месяцев учебы с негативной ролевой моделью перед глазами у ребенка могут развиться весьма дурные навыки и наклонности. Можно даже подумать о домашнем обучении и репетиторстве, если позволяют финансы.

В. *Что вы скажете о круглогодичных школах в районах, где из-за перенаселения такой подход кажется приемлемым выходом из положения?*

О. Круглогодичные школы тяжело отражаются на семьях. Сестры и братья, посещающие разные школы, могут отдыхать на каникулах в разное время, и тогда семье становится невозможно поехать куда-либо вместе. Также трудно координировать время отдыха детей с запланированным отдыхом родителей. Короче, круглогодичные школы становятся еще одной проблемой для семьи, которая стремится провести совместный отдых и отпуск вместе.

В. *Вы говорили, что в Альтернативной школе в Сиэтле не было определенного учебного плана, не было оценок, общей программы и так далее. Я полагаю, что вы ратуете за организацию работы, в соответствии с которой ребенок должен заучивать конкретные факты, а я считаю это очень низким уровнем обучения. Нам нужно не просто забивать головы детей массой подробностей, но учить их концепциям и помогать им развивать способность мыслить.*

О. Согласен, что нам нужно учить детей концепциям, но такое обучение невозможно проводить в вакууме. Например, мы хотим, чтобы они усвоили концепцию солнечной системы и расположение планет, а также их вращение вокруг Солнца. Как это сделать? Можно потребовать, чтобы они выучили расстояние между небесными телами, то есть что Солнце находится от Земли на расстоянии в сто пятьдесят миллионов километров, а Луна всего в трехстах восьмидесяти четырех тысячах километров. Концепция относительного расположения в таком случае воспринимается на основании фактической информации. Тем самым я хочу сказать, что наше понимание правильной фактической информации может и должно привести к концептуальному обучению.

В. *И все же вы слишком большой акцент делаете на процессе запоминания, что является примитивной академической целью.*

О. Человеческий мозг за всю свою жизнь способен хранить примерно два миллиарда битов информации. Существует много путей, посредством которых происходит это программирование, и один из них — заучивание. Позвольте мне сказать то же самое иначе. Если вы должны лечь под нож хирурга, вы, скорее всего, надеетесь, что он в свое время хорошо запомнил, повторяю, запомнил, месторасположение всех мускулов, костей, связок, кровеносных сосудов, как и всю остальную необходимую информацию. Ваша жизнь зависит от его способности применить эту информацию во время операции. Совершенно очевидно, что я категорически против подхода, существующего в некоторых академических кругах, согласно которому ничего заучивать не нужно, потому что мы ничего не знаем наверное. Таким людям просто нельзя доверять процесс обучения. Это коммерсанты, которым нечего предложить другим людям!

В. *Так же, как и вы, я заметил, что ученики любого возраста и даже старшеклассники восхищаются строгими учителями. Почему это происходит?*

Дисциплина в обучении

О. Учителя, способные обеспечить порядок, часто являются самыми уважаемыми сотрудниками в штате, если, конечно, это не злобные люди и не зануды. Ученики, скорее всего, любят человека, который контролирует класс, не оказывая на детей давления. Это действует потому, что порядок гарантирует безопасность. Когда класс выходит из-под контроля, особенно в начальной школе, дети начинают бояться друг друга. Если учитель не в состоянии заставить детей вести себя хорошо, как он сможет помешать драчуну в причинении обиды остальным детям? Как он сможет запретить насмешки над более слабыми? Дети далеко не всегда справедливы и рассудительны во взаимоотношениях друг с другом, и когда рядом находится сильный учитель, они чувствуют себя в безопасности.

Во-вторых, дети любят справедливость. Когда кто-нибудь из них нарушает правило, они хотят видеть немедленное воздаяние. Они восхищаются учителем, который умеет задействовать беспристрастную систему отношений, и находят великое утешение в разумном социальном окружении. И напротив, если учитель не может контролировать свой класс, он неминуемо допускает нарушение установленных норм, подрывая основы в системе ценностей детей.

В-третьих, дети восхищаются строгими учителями, потому что хаос всегда действует на нервы. Крики, драки и беспокойство могут показаться забавными в течение десяти минут, затем неустройство становится утомительным и раздражающим.

Я часто улыбался, глядя на детей второго и третьего классов, с большой проницательностью сравнивавших строгость учителей и их умение навести порядок. Они прекрасно знают, как должен вести себя класс. Хотел бы я, чтобы все учителя тоже осознавали важность этих качеств.

В. *Скажите, пожалуйста, какой объем заданий следует давать детям?*

О. Между работой и игрой должно существовать здоровое равновесие. Многие фермерские дети в прошлом были обременены повседневными обязанностями, которые существенно усложняли им жизнь. Рано утром и после школы им приходилось кормить поросят, собирать яйца, доить коров и рубить дрова. Для развлечений оставалось мало времени, и детство таких ребят было скучным и тяжелым. Но это была крайность, и я не хотел бы возвращения подобной ситуации.

Однако сравните этот уровень ответственности с его противоположностью, которую рекомендует Нейл, когда мы не можем попросить ребенка даже полить газон или выпустить кошку на улицу. В соответствии с такими рекомендациями детям следует разрешить лежать на сытом животе и в течение шести-восьми часов смотреть бессмысленные телепередачи, в то время как их школьные тетради пылятся в дальнем углу. Как и в других случаях, обе эти крайности исключительно вредны для ребенка. Логическая середина даст ребенку возможность взять на себя ответственность за работу, одновременно позволяя выделить время для игры и развлечений. Объем времени, выделяемый для каждого вида активности, следует варьировать в зависимости от возраста ребенка и по мере его роста требовать от него все больше работы.

ПОСЛЕДНИЙ ШТРИХ

Закрывая обсуждение роли дисциплины в обучении, мне бы хотелось обратиться к интервью, опубликованному в первом издании книги «Не бойтесь быть строгими». Сначала это интервью было напечатано в 1965 году в апрельском номере «U.S. News & World Report». Главными героями были всемирно известные криминологи, профессор Шелдон Глюк и его супруга. Супружеская чета Глюков известна в основном исследованиями подростковой преступности и ее причин. Обратите внимание, какими пророческими оказались их слова о подростках тех дней и того, куда движется наше общество.

«U.S. News»: *По каким причинам детская преступность растет в наши дни с такой скоростью?*

Глюк: Для этого есть много причин. По большей части, однако, то, что мы видим сейчас, представляет собой процесс, который продолжается со времен Второй мировой войны.

Во-первых, все больше мам покидает дом и идет на работу. Многие оставляют детей в большей или меньшей степени без должного присмотра дома или на улице. В результате дети лишились постоянного руководства и чувства защищенности, которое им так необходимо получать от родителей в ранние годы жизни.

Вместе с этими переменами также быстро изменилось отношение родителей к воспитанию детей. В доме и на улице возникла тенденция ко вседозволенности, то есть к снижению запретов и ограничений в поведении.

«U.S. News»: *Как эта философия выражалась на практике?*

Глюк: По всей видимости, достаточно негативно. Жизнь требует определенной дисциплины. Она нужна в классе, дома и в обществе в целом. В конце концов Десять заповедей также налагают дисциплинарные требования. Если общие ограничения не будут вплетены в характер детей, мы постепенно придем ко всеобщему хаосу.

«U.S. News»: *Не хотите ли вы тем самым сказать, что моральные ценности деградируют?**

Глюк: Отчасти. Не только родители, но и другие люди во многих случаях не уверены, что правильно, а что неправильно с нравственной точки зрения. В результате дисциплину установить становится еще труднее.

Например, сегодня детям доступны самые разные кинофильмы и книги. Довольно трудно решить, какие именно кинофильмы и книги следует провести через цензуру.

В широком смысле слова вы можете сказать, что цензура вообще нежелательна. И все же вы понимаете, что где-то следует наложить ограничения, особенно там, где вопрос касается детей. Но в попытке определить, где нужны ограничения, очень часто оказывается, что они как раз и отсутствуют. Источником роста детской преступности становится именно отсутствие ограничений дома и на улице.

«U.S. News»: *Следует ли сказать, что суды по делам несовершеннолетних слишком снисходительны к малолетним преступникам?*

Глюк: Иногда да, но чаще всего мы видим непоследовательность, потому что у судей есть широкий выбор. Они

---

* Этот вопрос предшествует возникшему через несколько лет движению «новой морали». — *Прим. автора.*

могут полагаться на свою интуицию и предчувствие, а не только на те сведения, которые собрали для них их помощники.

«U.S. News»: *Значит, строгое наказание можно назвать мерой предотвращения дальнейших преступлений?*

Глюк: Конечно, наказание является сдерживающим фактором. В конце концов основная эмоция человека — это страх. Он играет важную роль в становлении человека. Мы ушли довольно далеко в обратном направлении, позволив ребенку прийти к выводу, что его не будут наказывать за нарушения дисциплины.

Конечно, нельзя играть исключительно на страхе перед наказанием, но точно так же нельзя отказываться от этого сдерживающего фактора.

«U.S. News»: *Могут ли школы предотвратить превращение детей в нарушителей спокойствия?*

Глюк: Определенно могут. Как уже было сказано, есть очень подвижные дети, которые просто не в состоянии длительное время сидеть на одном месте и любознательность которых должна быть удовлетворена каким-нибудь приемлемым образом.

Мы также думаем, что одной из основных потребностей школы вместе с другими элементами общества является общее признание того, что правила следует соблюдать и что без них люди будут ввергнуты в пучину хаоса и тирании, когда закон окажется в руках самих людей. Это можно видеть не только у подростков, но и в среде студентов колледжей, в их стремлении избавиться от ограничений и авторитетов.

«U.S. News»: *Считаете ли вы, что преступность вообще и детская, в частности, будет расти?*

Глюк: Вероятно, да. Мы полагаем, что если не будут предприняты решительные меры для того, чтобы остановить этот порочный круг, мы вступим в период насилия, который не наблюдался никогда прежде.

Чтобы убедиться в этом, нужно только просмотреть сводки убийств и случаев насилий в подземке Нью-Йорка. Всего лишь несколько лет назад общественный транспорт считался совершенно безопасным. *Мы предвидим резкий рост подобных тенденций*. Когда подростки, нарушающие закон, вырастут, они станут производить подобных себе детей не по закону наследственности, но по причине собственных неразрешенных конфликтов, которые сделают их неэффективными родителями.

Профессор Глюк и его жена ясно предвидели анархию, которая расцвела на фоне всеобщей демократии. Но даже они, однако, не могли предполагать расстрелы с движущегося транспорта, беспорядочные убийства и смертельные исходы на дорогах из-за незначительных стычек между водителями. Неужели не наступило время обратиться к кардинальным причинам, о которых говорила чета Глюков еще три десятилетия назад?

ГЛАВА 8

Барьеры
в обучении
(часть 1)

Мы обсуждали важность дисциплины во взаимоотношениях родителей с детьми, выраженной, в частности, в послушании, уважении и ответственности. Мы также исследовали важность авторитета в классе. Теперь нам нужно исследовать еще один аспект дисциплины, связанный с развитием интеллектуальных способностей и морального характера.

Серьезную озабоченность вызывают миллионы детей, которые не успевают в школе. Это «жертвы обучения», которые не могут или не хотят взять на себя интеллектуальную ответственность, предназначенную для них. Их родители плачут, умоляют и угрожают, учителя подталкивают, побуждают и предупреждают. Тем не менее год за годом они сидят, пассивно сопротивляясь давлению со стороны взрослых. Кто эти дети, и почему академические дисциплины кажутся для них такими трудными? Может быть, они ленятся? Или им не хватает умственных способностей? Хотят ли они учиться? Или методы наших учителей неэффективны? Как можно помочь им избежать горечи поражения в ранние годы жизни?

За годы моей работы в школе в качестве психолога на меня большое впечатление произвело сходство проблем, с которыми обращались ко мне неуспевающие ученики. И хотя каждый ученик является индивидуальностью с уникальным характером, у большей части неуспевающих детей был определенный набор проблем. Можно было наблюдать одни и те же специфические обстоятельства, которые постоянно препятствовали процессу дисциплинарного обучения в классе. В этой и в следующей главах я предложу вашему вниманию три основные категории детей, которые плохо учатся в школе. Родителям следует внимательно присмотреться к своим детям, чтобы как можно раньше обнаружить признаки этих качеств.

ЗАДЕРЖКА В РАЗВИТИИ

Дональду пять лет, и он скоро пойдет в детский сад. Это совсем еще маленький ребенок и во многом маменькин сынок. По сравнению со своими друзьями Дональд говорит совсем детским языком и у него плохо развита координация движений. Он плачет по три-четыре раза на дню, а другие дети пользуются его несостоятельностью. Врачи подтвердят, что Дональд не отстает ни в физическом, ни в психическом развитии, он просто развивается медленнее, чем обычно дети в его возрасте.

Тем не менее наступает день рождения Дональда, и все знают, что пятилетние дети идут в подготовительную группу детского сада. Он тоже хочет пойти в школу, но глубоко внутри себя немного боится. Он знает, что мама мечтает видеть его успехи в школе, хотя и не понимает, зачем это надо. Его отец сказал, что он будет «неудачником», если не получит хорошего образования.

Он не совсем понимает, что такое «неудачник», но уверен, что не хочет стать таковым. Мама и папа ожидают от него чего-то необычного, и он надеется их не разочаровать. Его сестра Памела учится во втором классе, и учится хорошо. Она может читать, писать и знает названия дней недели. Дональд надеется, что тоже будет знать все это.

В детском саду Дональду понравилось. Он катается на трехколесном велосипеде и играет с игрушками. Он предпочитает подолгу играть в одиночестве, но чтобы рядом находилась учительница, мисс Мосс. Мисс Мосс понимает, что Дональд развивается медленнее, чем другие, и не готов к первому классу, поэтому она предлагает родителям повременить с отправкой мальчика в школу.

«Не успевает в детском саду? — говорит отец. — Как может ребенок не успевать в детском саду? Как вообще можно не успевать в детском саду?»

Мисс Мосс пытается объяснить, что дело не в том, что Дональд не успевает, ему просто нужен один дополнительный год, чтобы подготовиться к успешной учебе в первом классе. Это предложение вызывает в отце целую бурю эмоций.

«Ребенку шесть лет, ему нужно учиться читать и писать. Что толку, если он будет еще целый год играть в паровозики и кататься на велосипеде? Пусть идет в школу!»

Мисс Мосс и директор неохотно соглашаются. В следующем сентябре Дональд берет под мышку портфель с Микки Маусом и на неуверенных ножках идет в первый класс. С первого дня у него начинаются проблемы с учебой, и самая большая беда у него с чтением. Его новая учительница мисс Фадж показывает детям алфавит, и Дональд обнаруживает, что большая часть детей уже знает буквы. Ему нужно поднажать, чтобы догнать остальных детей. Но очень скоро мисс Фадж начинает объяснять новый материал. Она учит класс, как звучит каждая буква, и скоро мальчик остается далеко позади класса.

Через некоторое время класс уже читает рассказы об интересных вещах. Некоторые дети могут читать достаточно бегло, а Дональд все еще мучается с алфавитом. Мисс Фадж делит класс на три группы в соответствии с умениями детей. Она пытается скрыть тот факт, что одна группа справляется с учебой хуже, чем другие, поэтому она дает им такие символические имена, как «Львы», «Тигры» и «Жирафы». Побуждения мисс Фадж благородны, но все дети прекрасно понимают, в чем дело. Ребята через две минуты осознают, что «Жирафы» все тупые. Дональд начинает беспокоиться об отсутствии прогресса в учебе, и его начинает точить мысль о том, что с ним что-то не в порядке.

На первом же родительском собрании в октябре мисс Фадж говорит родителям Дональда о проблемах в школе. Она говорит о незрелости ребенка и его неспособности сосредоточиться или сидеть спокойно в классе. Большую часть дня он не может усидеть за партой.

«Чушь, — говорит его отец. — Ребенка нужно просто приучить к этому». Он настаивает на том, чтобы Дональд принес домой свои учебники, и отец вместе с сыном усаживаются для дополнительных учебных занятий. Но отец раздражается от всего, что бы Дональд ни делал. Его детский ум в растерянности, он забывает то, что ему говорили пять минут назад. Напряжение отца нарастает, а продуктивность Дональда понижается. В какой-то момент кулак отца с грохотом бьет по столу, и он рычит на перепуганного ребенка: «Ты можешь просто внимательно послушать и прекратить быть таким ТУПЫМ!» Ребенок никогда не забудет этой уничтожающей оценки.

Если в первые дни пребывания в школе Дональд еще пытался чему-то научиться, к ноябрю он теряет к учебе всякий интерес. Он смотрит в окно. Он рисует и чиркает что-то карандашом. Он шепчет что-то про себя и играет. Поскольку читать он не умеет, он также не может произнести слово по буквам, не может писать и выполнять другие требования. Ему все неинтересно и скучно, а большую часть времени он просто не знает, чем себя занять. Он чувствует себя отверженным и изгоем.

«Пожалуйста, встань, Дональд, и прочитай следующий параграф», — говорит учительница. Он встает и переминается с ноги на ногу, пытаясь определить первое слово. Девочки хихикают, и он слышит, как один из мальчиков говорит: «Вот тупица!» Проблема, начавшаяся как отставание в развитии, теперь превратилась в эмоциональную бомбу замедленного действия и нарастающую ненависть к школе.

Трагедия заключается в том, что Дональду совсем не нужно было терпеть этих унижений и отставания в учебе. Еще один год развития и достижения необходимого уровня зрелости подготовили бы его к учебным занятиям, которые теперь разрушают его личность. Хуже всего, когда критерием считают *возраст* ребенка и по нему определяют начало учебы в школе. Шестилетние дети сильно отличаются друг от друга по степени своего развития. Некоторые из них ранние и более смышленые, а другие — обыкновенные малыши, как Дональд. Более того, мальчики, как правило, примерно на полгода отстают в своем развитии от девочек. Как видно, медленно развивающийся мальчик, которому исполнилось шесть лет как раз перед школой, намного отстает от своих сверстников. Незрелость влечет за собой общественные и интеллектуальные осложнения.

Одна из причин отставания ребенка в школе может быть связана с отсутствием в его организме органического компонента, называемого миелин. При рождении нервная система еще не обросла пленкой из миелина. Младенец не может дотянуться до предмета и схватить его, потому что электрическая команда, или импульс, теряется по пути от мозга до руки. Постепенно беловатое вещество (миелин) начинает покрывать нервные волокна, делая возможным контролируемые мускульные действия.

Миелинизация идет от головы вниз (в длину) и из центра тела наружу (по периферии). Другими словами, ребенок может контролировать движения своей головы и шеи раньше, чем овладеет движением всего остального тела. Контроль за плечевыми мускулами наступает прежде овладения движением мускулов локтей, а потом идет запястье, большие мускулы ладоней рук и затем малая координация пальцев.

Учеников начальных классов сначала учат писать печатными буквами из-за задержки в развитии мгновенной реакции пальцев. Точная работа этой части тела исключительно важна для ребенка с запоздалым развитием. Поскольку миелинизация нервных волокон в механизме зрительного аппарата у людей обычно происходит в последнюю очередь, процесс развития этого необходимого аспекта у ребенка с задержкой развития может и не завершиться к шести годам.

Нервная система ребенка с особо запоздалым развитием и плохой координацией может быть не подготовлена к интеллектуальному труду, связанному с чтением и письмом. Чтение — особенно сложный неврологический процесс. Зрительный раздражитель должен быть отправлен в мозг без искажения, там он интерпретируется и сохраняется в памяти. Не все шестилетние дети готовы к совершению этой задачи. К сожалению, однако, наша культура допускает очень малое количество исключений или отклонений от установленной нормы. Шестилетний ребенок должен уметь читать, иначе ему как неудачнику придется столкнуться с соответствующими эмоциональными последствиями.

В связи с этим напрашивается такой вопрос: «Почему ребенок с запоздалым развитием не может догнать своих сверстников в следующих классах?» Если бы проблема носила чисто физический характер, медленно развивающийся ребенок легко догнал бы своих рано подросших товарищей. Однако эмоциональные факторы неизменно усложняют эту трудность.

Самооценку на удивление легко разрушить, но очень трудно восстановить. Если только ребенок решит, что он тупой, неспособный, невежественный или глупый, эту концепцию уже очень трудно изгладить из его разума. Если он не успевает в самом начале своей учебы, его окончательно раздавливают такие же жесткие требования, которые ему предъявляются в школе и дома. Эмоциональное давление часто неразрешимо. Он не в состоянии объяснить ни родителям, ни учителям свои неудачи. Они также не могут предложить средство, которое могло бы успокоить его поврежденную психику. В результате полученных ран его самооценка часто страдает, и этот опыт, по всей вероятности, отразится во взрослой жизни.

Помочь ребенку с запоздалым развитием очень просто. Его не следует отправлять в первый класс по достижении им определенного возраста, а только тогда, когда это будет рекомендовано с точки зрения неврологических, социальных и педиатрических показателей. В результате простых отборочных тестов можно выявить экстремальные случаи, как, например, у Дональда. Большая часть детей могут начать обучение в школе в возрасте шести лет, но в исключительных случаях к ребенку следует подходить с большей гибкостью.

Независимо от принятия или неприятия школами этой рекомендации я бы предложил родителям ребенка, не успевающего в подготовительной группе детского сада, проверить его у специалистов в области развития, а именно у психолога, педиатра, невролога и так далее. Эта процедура должна быть обязательной для медленно развивающихся детей, которые родились ближе к концу учебного года. Последствия этого невозможно переоценить. Эта простая проверка спасет вашего ребенка от многих лет горечи и обид.

Если специалисты согласятся с тем, что ребенок задерживается в развитии, он может либо провести еще один год в подготовительной группе, либо остаться дома в течение одного или двух лет. Разумность такого решения в том, что дети, первые годы проучившиеся дома, вполне нормально приспосабливаются к окружающей обстановке и не испытывают проблем во время вступления в обычный школьный коллектив. Они также не чувствуют себя чужим элементом в школе. Если родители хотят ввести своего домашнего ребенка в окружающий мир, они могут разговаривать с ним, брать с собой в магазины, на прогулки и пикники. Они вместе могут готовить, работать в гараже, а потому совсем необязательно заставлять его сидеть час за часом за рабочим столом.

Но что же происходит, когда наступает время вступления в детский коллектив? В большинстве случаев дети, проучившиеся несколько лет дома, благополучно догоняют своих сверстников в школе и в течение нескольких месяцев вливаются в группу сверстников. Более того, в последующие годы они склонны стать лидерами, потому что в ранний и особо уязвимый период развития на них никто не оказывал давления. Другими словами, они в меньшей степени зависят от мнения своих товарищей.

Если все это вам покажется странным, помните, что Иисус пошел в школу только в двенадцать лет. Таков был обычай в древнем Израиле. Дело в том, что совершенно необязательно заставлять незрелого ребенка и даже обычных, нормально развивающихся детей посещать формальные занятия в школе. Я знаю, что это заявление противоречит утверждениям Национальной ассоциации по образованию. Они рекомендуют обязательное образование для всех детей, начиная с четырех лет. Мое заявление также не вызовет ответного отклика среди родителей, которые оба заняты карьерой, а потому стремятся видеть в детских садах и школах вполне безопасное и приемлемое место для своего ребенка. Но эта попытка забрать ребенка из дома в раннем возрасте просто не соответствует реалиям детского развития.

Вот почему движение домашнего образования растет очень быстро. Наша организация «В фокусе семья» недавно провела социологический опрос четырех тысяч случайно выбранных людей, чтобы выяснить тенденции и мнение среди населения на эту тему. Как ни странно, мы обнаружили, что тринадцать процентов детей получают образование дома. И хотя это решение сопровождается дополнительными трудностями для родителей, такой подход к образованию следующего поколения исключительно успешен. Он особенно хорош для таких детей, как Дональд, которому потребуется некоторое время, чтобы подрасти до начала успешного обучения в школе.

Во время написания первого издания книги «Не бойтесь быть строгими» я вообще не слышал о домашнем образовании. В аспирантуре нам внушали мысль о ценности как можно более раннего формального образования. Но теперь я горячий сторонник того, чтобы дети оставались с родителями как можно дольше. Доктор Реймонд Мур, автор книги «Школа может подождать» (Raymond Moore, *School Can Wait*) и один из первых идеологов движения домашнего образования, оказал на меня в начале восьмидесятых годов сильное влияние. По общему признанию, домашнее образование нельзя назвать оптимальным вариантом для каждого ребенка, однако оно доказало свою эффективность там, где его приняли на вооружение. Скажу так: если бы нам с Ширли пришлось пройти наш путь снова, мы бы дали своим двум детям домашнее образование, хотя бы в течение первых нескольких лет!

Не важно, дадите ли вы своему маленькому Дональду домашнее образование или снова отправите его в подготовительную группу детского сада, я настоятельно рекомендую вам избавить его от напряженной школьной обстановки до тех пор, пока его слабые ножки не окрепнут под ним окончательно.

МАЛОСПОСОБНЫЙ УЧЕНИК

Малоспособный ребенок — еще один случай серьезных проблем с академической дисциплиной, которые возникают в результате неспособности быстро схватывать материал, как остальные его сверстники. Прежде чем мы продолжим эту тему, я хочу попросить читателя выслушать короткое объяснение по этому поводу. Чтобы понять малоспособного ученика, нам нужно обратиться к разным категориям коэффициента умственного развития.

Слегка затемненный сегмент в центре показывает «обычный уровень» интеллектуального развития, который оценивается от 90 до 110 баллов. Точный коэффициент умственного развития для каждой категории будет отличаться в соответствии со стандартными отклонениями использованного теста. Согласно большей части тестов пятьдесят процентов всех людей находятся в этом диапазоне. Интересно отметить, что буквально каждый думает, что его коэффициент умственного развития превышает сто баллов. Если попросить десять тысяч человек оценить предполагаемый уровень своих интеллектуальных способностей, очень немногие догадаются, что их IQ ниже среднего. Дело в том, что половина населения на самом деле относится к уровню ниже средних ста баллов.

Точно таким же образом родители часто приписывают своим детям поразительные интеллектуальные способности. Знакомое, но комичное замечание звучит примерно так: «У Герберта коэффициент умственных способностей насчитывает двести четырнадцать баллов по анкете воскресной газеты». *Очень* немногие люди достигают ста пятидесяти баллов, Герберт, скорее всего, к этой группе людей не относится.

«Одаренные» люди представлены в правом крайнем углу таблицы распределения. Примерно два процента всех детей и взрослых обладают такими ярко выраженными умственными способностями. В противоположность этому, около трех процентов всего населения относятся к другой крайности в интеллектуальном отношении, и их называют «умственно отсталыми». Во многих штатах есть специальные учебные заведения для детей с умственными проблемами, а в некоторых штатах имеются школы для особоодаренных детей.

Как уже было сказано, я говорю обо всех этих фактах, чтобы высветить проблемы малоспособных детей, коэффициент умственного развития которых составляет от семидесяти до девяноста баллов. Таких детей в школах примерно одна четверть от общего количества. Это во многом самые печальные дети, с которыми работают специалисты в области детского развития. Особую озабоченность вызывают дети, относящиеся к самой слабой части в сегменте малоспособных ребят (от семидесяти до восьмидесяти баллов IQ), которые фактически обречены на серьезные проблемы в школе. Для них нет специальных школ, *хотя они ненамного отличаются от умственно отсталых детей.*

Умственно отсталый ребенок с IQ в семьдесят баллов, возможно, подойдет для особой и дорогостоящей программы обучения в маленьких классах и со специально подготовленными учителями, аудиовизуальными средствами обучения и отсутствием неудовлетворительных оценок. В противоположность этому малоспособный ученик с IQ в восемьдесят баллов, как правило, не имеет таких преимуществ. Ему приходится учиться в обычном классе, соревнуясь с обычными и даже одаренными учениками. Такое соревнование предполагает победителей и проигравших. В такой борьбе малоспособный ребенок неизменно проигрывает.

Давайте подумаем о трудностях неспособных учеников в классе. Вот ребенок, который «сделал бы, если бы смог, но не может». Он редко — в лучшем случае — получает хорошую оценку за диктант. Он занимает последнее место в любой учебной игре или соревновании. Он очень редко завоевывает симпатии учителей. В такой же мере он не достигает успехов в общественной жизни школы, а другие дети открыто его отвергают.

Как и ребенок с запоздалым развитием, малоспособный ученик постепенно начинает видеть себя как законченного неудачника, а это искажает его самооценку и причиняет вред его личности. Примером тому является разговор между двумя неуспевающими учениками, свидетелем которого стал мой коллега. Обсуждая свои перспективы общения с девочками, один из них сказал: «У меня с ними все хорошо до тех пор, пока они не узнают, что я отстаю в учебе». Совершенно очевидно, что этот ребенок отчетливо осознает свою несостоятельность в этой области.

Нет более эффективного способа уничтожить уверенность в наших детях, чем четверть от общего количества поместить в условия, где невозможно достичь успехов и где они изо дня в день чувствуют свою неадекватность. В этом случае неполноценность становится для них живой реальностью. Неудивительно поэтому, что такой ребенок в третьем классе превращается в непослушного мучителя, в шестом становится задирой, позже крикуном, а в старших классах правонарушителем.

Главное отличие неспособного ученика от ребенка с запоздалым развитием состоит в следующем: время не изменит эту ситуацию. На следующий год он не станет учиться лучше. Более того, с возрастом он будет отставать все больше и больше. По традиции в некоторых школах неспособных учеников оставляют в одном и том же классе на второй и даже на третий год, что нельзя назвать ни эффективным, ни научно обоснованным, ни разумным решением.

Повторный год обучения не приводит ни к чему, кроме закрепления поражения. Собранные научные доказательства бесспорно подтверждают такую точку зрения. Многие исследования показывают, что оставленные на второй год дети продолжают не успевать, и имеющиеся трудности с учебой усугубляются эмоциональными проблемами. Оставленный на второй год ребенок сидит с «малолетками», в то время как его одноклассники переходят на новую ступень, к новому учителю. Он чувствует себя переростком, неспособным и тупым человеком. Все родственники знают, что он потерпел поражение. В течение всей его школьной жизни люди задают такие болезненные вопросы, как: «Почему ты в свои тринадцать лет все еще сидишь в пятом классе?» Он отвечает: «Да меня оставили на второй год». Весьма болезненное признание.

Можно предвидеть и другую проблему. Ребенок, оставленный на второй или третий год, скорее всего, переживет более раннее половое созревание, а это приведет ко многим нежелательным последствиям. Когда, наконец, неспособный ребенок годом или двумя позже добирается до последнего класса средней школы, он обычно видит еще меньше терпимости по отношению к своим проблемам.

Однажды ко мне обратился один переросток-десятиклассник, заявив о своем желании уйти из школы. Я спросил, почему он не хочет закончить школу, и он объяснил: «С первого класса я чувствовал себя ничтожеством. С каждым годом я чувствовал себя все хуже и хуже. Меня поднимали и заставляли читать, а я не мог прочитать даже учебник для второго класса. Надо мной смеялись все. С меня хватит». Я сказал, что не виню его за такое решение, потому что в его страданиях были виноваты мы.

Как ни странно, некоторые неуспевающие ученики готовы сражаться даже после нескольких лет поражений. Я как психолог всегда радуюсь при виде несгибаемых учеников, которые с удовольствием посещают дополнительные занятия по чтению. Они отчаянно хотели овладеть этим умением, но их пытались убедить в том, что они тупые. Этому безотрадному заключению бросается вызов, когда учителя на дополнительных занятиях по чтению показывают таким ученикам, что они *могут* овладеть этим навыком.

Один крепкий паренек по имени Джеф был поражен своим академическим прогрессом. Он посмотрел на учителя со слезами на глазах и сказал: «Когда я учился во втором классе, я принес домой табель с неудовлетворительными оценками. Я сидел на диване, пока отец читал мой табель. Потом он встал, взял ремень и выбил из меня последние способности к учебе. Сегодня я впервые добился в школе каких-то успехов».

Однажды меня попросили обследовать ученика старших классов по имени Вилли, который трижды заваливал экзамен по истории. Он не мог закончить школу, потому что не был способен получить хотя бы тройку по этому предмету. Я проверил Вилли и выяснил, что он был малоспособным учеником. Его учитель, который требовал от него наравне с другими, более способными учениками, удивлялся его результатам. Мне показалось несправедливым его нежелание понять, что способности к обучению у Вилли были ниже среднего, поэтому я написал следующее официальное обращение к учителям об особенностях таких учеников, как Вилли:

СОВЕРШЕННО СЕКРЕТНО

Имя ученика _____

Вышеупомянутый ученик явно имеет определенные ограничения, которые важны для понимания его успехов в учебе и поведении в классе. Несмотря на то, что его нельзя квалифицировать для обучения в специализированном учебном заведении, в полном соответствии с системой правил, принятых в образовании, его интеллектуальные способности, по всей видимости, относятся к «приграничной» категории. Нет никаких оснований для того, чтобы исключить его из обычного класса, однако его нельзя ставить в один ряд с более способными одноклассниками.

Если требования, поставленные перед ним, заключаются в соответствующем проценте правильных ответов на экзамене, с которыми могут справиться ученики с нормальными способностями, тогда он постоянно будет заваливать экзамены. С другой стороны, ему нельзя позволять переходить с уровня на уровень, не развивая имеющийся у него потенциал.

Можно предложить ставить оценки в соответствии с его усилиями и прогрессом, основанным на его индивидуальной способности к обучению. Если учителя не дадут ему возможности прогрессировать, они тем самым отнимут у него шанс закончить школу.

В случае необходимости в дальнейшей информации я всегда буду рад обсуждению этого вопроса.

ПРИМЕЧАНИЕ. *Пожалуйста, уничтожьте эту записку во избежание дополнительных унижений ученика.*

Некоторым учителям до знакомства с таким обращением и в голову не приходило дать малоспособному ученику более легкие задания. Однако есть учителя, которые не собираются этого делать и после получения такой записки.

Когда я думаю о малоспособных учениках, мне вспоминается случай с четырнадцатилетним Робертом. Он был существенно выше и крепче, чем самый сильный и высокий ученик в шестом классе. Он оставался на второй год во втором и четвертом классах, но так и не выучился читать и писать. Его учительница всеми известными ей способами постоянно пыталась заинтересовать его учебой, но он решительно не принимал все ее попытки и уловки. Он просто потерял надежду.

Когда учительница пригрозила оставить его еще раз на второй год, Роберт ужаснулся. Он представил себя стариком, продолжающим сидеть в шестом классе. Этот кошмар побудил его сделать все, что он мог, но большое отставание не позволило ему добиться видимого прогресса. Роберт продолжал нервничать, пока не получил окончательные оценки. В то утро он был буквально белым от волнения, и его трясло от нервного перенапряжения, пока он не услышал: «Переведен в седьмой класс».

Учительница Роберта не была с ним жестока, она лишь хотела добиться от него максимальных усилий и стараний. Тем не менее нельзя было угрожать ему очередным провалом. Малоспособные ученики и отстающие имеют те же эмоциональные потребности в состоятельности и принятии, как и одаренные или талантливые дети. Нельзя приносить эмоциональную стабильность в жертву на алтарь образования.

Несмотря на результаты провала малоспособных учеников, я тем не менее верю в то, что некоторым из них второй год в одном и том же классе *может* принести пользу. Лучшее обоснование для второго года обучения сводится вот к чему: не переводите в следующий класс ребенка, для которого следующий год на этом же уровне принесет какие-то *изменения*. Например, ребенок, проболевший семь месяцев за учебный год, может усвоить программу этого уровня за повторный год обучения, когда выздоровеет. С другой стороны, ребенка с задержкой развития лучше оставить на повторную подготовку в детском саду (или в крайнем случае на второй год в первом классе), чтобы ввести его в круг детей с соответствующим уровнем развития.

Для малоспособного ученика, однако, ничего в таком случае не изменится. Если он провалил переходные экзамены в пятый класс в июне, в сентябре он по-прежнему будет плохо учиться в четвертом классе. Это происходит потому, что содержание программного материала повторяет материал предыдущего года обучения и изучается на будущий год. Те же концепции преподаются из года в год, и ученики на каждом уровне обучения продвигаются немного дальше, но большая часть времени уходит на обзор пройденного материала.

Например, сложение и вычитание изучают в первые годы обучения, но большая часть работы на эту тему совершается также в шестом классе. Существительные и глаголы повторяются в течение нескольких лет. Наложение программного материала из класса в класс точнее представлено на рисунке А по сравнению с рисунком Б.

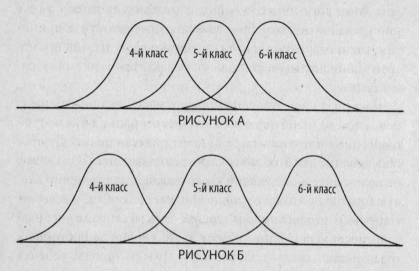

Таким образом, основная, не имеющая оправдания причина оставления малоспособного ученика на повторный год обучения состоит в том, что его заставляют снова пройти тот же самый легкий материал. Но он не покажет более впечатляющих результатов на втором году обучения! На летние школы тоже нет никакой надежды. Некоторые родители надеются, что полуторамесячные программы в июле и августе справятся с тем, что было невозможно сделать за десять месяцев между сентябрем и июнем. Но очень часто их ожидает одно разочарование.

Поскольку оставление на второй год и летние школы не способны разрешить проблему малоспособного ученика, мы сталкиваемся с очевидным вопросом: что можно сделать для таких детей? Ниже перечислены шаги, которые могут изменить положение весов в пользу большого числа таких ребят:

1. *Научите их читать, даже если для этого понадобятся занятия один на один с учителем* (скорее всего, так оно и будет). Почти каждый ребенок может научиться читать, но *многим* детям это будет исключительно сложно в большой группе учеников. Они не умеют сосредоточиться и не в состоянии с готовностью отвечать на поставленные вопросы. Школе придется вложить больше средств в организацию дополнительных занятий по чтению с отстающими учениками, но все эти затраты будут самыми полезными. Особые методы, обучающие машины и индивидуальное закрепление достигнутых результатов могут быть успешными в преподавании этих самых элементарных навыков детям, которые без индивидуального внимания вряд ли смогут этому научиться. Оказание этой помощи нельзя откладывать до четвертого, пятого классов или еще дольше. К тому времени малоспособный ученик уже сполна нахлебается унижением поражения.

Во многих школах работают творческие программы с акцентом на обучении чтению. Одна такая программа, в которой первые три года обучения учителя не ставят оценок, исключает дифференциацию среди учеников. В таких классах детей комплектуют не по возрастному признаку, а по их способности читать. Дети, умеющие хорошо читать в первом, втором и третьем классах, могут заниматься в одних и тех же группах. Дети, читающие плохо, тоже собираются вместе. Эта процедура не вынуждает администрацию оставлять детей на второй год обучения и позволяет малоспособным ученикам извлекать как можно больше пользы из обучения в однородной группе.

Еще одна популярная система называется «разделением чтения». По этому методу половина группы, которая читает хорошо, приходит в школу на полчаса раньше для специальных занятий. Ученики, которые страдают от проблем с чтением, каждый день задерживаются в классе на полчаса позже по этой причине.

Существует много программ, нацеленных на более эффективное обучение чтению. Родители, которые хотят, чтобы их дети овладели этими основными навыками, могут обеспечить своим детям репетиторскую поддержку.

2. *Малоспособных детей нужно оградить от разрушающего воздействия поражения.* Учебные цели, недоступные для малоспособного ученика, должны быть переориентированы. Перед ним должны выставлять требования, с которыми он в состоянии справиться. Его нужно хвалить, когда он прилагает к учебе максимум усилий, даже если результаты его работы несравнимы с результатами других учеников. Малоспособные ученики тоже имеют право на принятие даже в этом скоротечном высокотехнологическом мире.

3. *Помните, что успех порождает успех.* Самой лучшей мотивацией для малоспособного ученика будет осознание того, что он преуспевает. Если взрослые люди покажут, что они в него верят, он, скорее всего, тоже будет уверен в себе. Собственно, большая часть людей зависит от отношения к ним окружающего мира. Мы склонны вести себя в зависимости от того, какими нас «видят» другие люди.

Я понял это, когда в возрасте двадцати двух лет вступил в Национальную гвардию. Я только что закончил колледж и уже был принят в аспирантуру. Так что я решил прослужить в течение года в качестве офицера запаса вместо того, чтобы отслужить срочную службу в течение двух лет. Меня тут же посадили в автобус и отправили в Форт-Орд, штат Калифорния, для полугодовой подготовки и прохождения армейских управленческих курсов. В отличие от рекламных плакатов эта перспектива не была моим выбором, потому что туда меня отправило командование. Тем не менее я провел следующие полгода, познавая пленительный мир военной документации, машинописи и хранения данных. Было скучно до умопомрачения.

Я вернулся в Национальную гвардию через сто восемьдесят три дня, с только что приобретенными и готовыми к употреблению знаниями. Как ни странно, меня приняли без особого восторга. И все потому, что я был рядовым, а всем известно, что рядовые — народ тупой. Практически весь мир отгородился от меня, так что я буквально чувствовал, что у меня между ушами имеется плотная, никак не связанная с интеллектом масса. Все, начиная с рядовых и заканчивая полковником, ждали от меня проявления вопиющего невежества. К моему удивлению их ожидания полностью оправдались.

Мое первое задание после долгих месяцев обучения сводилось к оформлению простого письма в двух экземплярах. Через двадцать пять минут сосредоточенных усилий я понял, что положил копирку, которую использовали в те времена, лицом вверх. На задней странице первого экземпляра отпечаталось это письмо в зеркальном отображении, в результате чего сержант выразил свое особое неудовольствие. Подобные сложные процедуры, например, запоминание правил и установлений, были на удивление трудными для исполнения. Оглядываясь назад, я вижу, что *действовал в полном соответствии с моим представлением о себе.*

После этого я отправился в аспирантуру и вышел оттуда со степенью доктора и высоким средним баллом. Но главное, там моя самооценка была совсем другой.

Точно таким же образом многие дети, не успевающие в школе, делают лишь то, что от них ожидают другие люди. Наша репутация в глазах сверстников представляет собой влиятельную силу, определяющую нашу жизнь. Это особенно верно по отношению к малоспособным ученикам, которые составляют одну треть из всего количества учащихся. Возможно, ваш ребенок относится к этой категории детей.

В следующей главе мы исследуем особенности третьей категории детей, которым школьная дисциплина кажется такой трудной. Оставайтесь с нами.

ВОПРОСЫ И ОТВЕТЫ

В. *Если возраст является плохим показателем при определении начала обучения в первом классе, почему этот метод так универсален в нашей школе?*

О. Потому что это очень удобно. Родители могут планировать конкретное начало обучения, когда ребенку исполняется шесть лет. Школьная администрация может проверить свой район и выявить, сколько первоклассников у них будет на следующий учебный год. Если восьмилетний ребенок переезжает в другой район в октябре, администрация знает, что ребенок учится во втором классе, и так далее. Использование хронологического возраста в качестве критерия для поступления в школу удобно для всех, кроме ребенка с запоздалым развитием.

В. *Отчего ребенок может развиваться с запозданием?*

О. Существует множество наследственных, экологических и физических факторов, влияющих на развитие интеллекта, поэтому трудно определить конкретное воздействие каждого из этих факторов. Имеющиеся данные показывают, что в некоторых случаях запоздалое развитие и даже некоторая заторможенность происходит в результате отсутствия интеллектуальной стимуляции в первые годы жизни ребенка. Исключительно важным является возраст ребенка от рождения и до трех-четырех лет, когда следует максимально использовать потенциал для интеллектуального развития. В мозге человека имеются ферментные системы, которые следует активизировать в этот короткий период. Если упустить эту возможность, ребенок никогда не осуществит имевшиеся у него возможности.

Дети, выросшие без родительского внимания, скорее всего, будут малоспособными учениками. Возможно, они мало слышали разговоры взрослых людей. Им не давали интересных книг и паззлов для развития сенсорного аппарата. Их не водили в зоопарк, они не видели аэропортов и других восхитительных мест. Взрослые не работали с ними регулярно и не руководили их развитием. Такое отсутствие стимуляции может значительно препятствовать развитию головного мозга.

Эффект ранней стимуляции интеллектуальной деятельности исследовался в нескольких исключительно интересных опытах с животными. В одном из них ученые разделили новорожденных крыс из одного помета на две одинаковые группы. В первой группе проводилась активная стимуляция деятельности в течение первых нескольких месяцев жизни. Этих крыс содержали в хорошо освещенных клетках, в окружении интересных гребных колес и других игрушек. С ними постоянно занимались, им разрешалось исследовать пространство вне клеток. Их обучали трюкам, а за успехи в обучении поощряли. Вторая группа жила в иных условиях. Эти крысы теснились в плохо освещенных, тусклых клетках, в которых не было установлено ничего интересного. Ими никогда не занимались, не стимулировали никоим образом и не разрешали выходить за пределы клеток. Обе исследуемые группы получали одинаковое питание.

В возрасте ста пяти дней крыс препарировали для исследования уровня развития неврологического аппарата. Ученые были удивлены тем, что мозг крыс, которые получали стимуляцию, сильно отличался от мозга особей, живших в противоположных условиях. (1) Кора головного мозга (мыслящая часть мозга) была толще и шире. (2) Кровоснабжение было намного более насыщенным. (3) Энзимы, необходимые для процесса обучения, были намного сложнее и тоньше. Исследователи пришли к выводу, что высокая стимуляция умственной деятельности в ранний период жизни особей из первой группы в результате способствовала развитию и усложнению их мозга.

Всегда сложно применять результаты, полученные из опытов над животными, непосредственно к людям, но те же изменения, по всей видимости, происходят в мозгу детей, умственную деятельность которых стимулировали. Если родители хотят, чтобы их дети были способными, им следует начать подолгу разговаривать с ними с самого младенческого возраста. Рядом с детской кроваткой следует поставить интересные движущиеся и мигающие игрушки. Следует с самого начала и на протяжении всего раннего возраста организовывать учебный и познавательный процессы.

Конечно, родители также должны осознавать разницу между стимуляцией и давлением. Если читать книги трехлетнему ребенку, это будет его стимулировать. Но если смеяться над ним и унижать за то, что он не умеет читать, это уже давление и насилие. Обременение детей недостижимыми целями может причинить им непоправимый вред.

Если, как мы показали, ранняя стимуляция умственной деятельности важна, то ее отсутствие может стать главной причиной медленного развития и даже слабой степени умственной отсталости. Абсолютно необходимо, чтобы родители выделяли время и вкладывали нужные ресурсы в своих детей. Потребность обеспечения маленьких детей богатым и назидательным опытом сегодня, как никогда, совершенно очевидна.

В. *Я слышала, что можно научить читать четырехлетних детей. Следует ли мне заняться чтением с моим ребенком?*

О. Если ребенок проявляет повышенный интерес и может научиться читать, не испытывая опасного давления со стороны взрослых, тогда обучение этому основному навыку будет для него полезно. Однако это «если» исключительно важно, чего не осознают многие люди. Очень немногие родители способны работать со своими малышами, не проявляя раздражения при виде естественных ошибок и неудач. Этот процесс можно сравнить с обучением автовождению вашей жены: вы в лучшем случае рискуете, а в худшем — надолго испортите отношения.

Кроме этих ограничений, обучение следует начинать, когда оно будет более всего необходимо. Зачем инвестировать бесконечные усилия в обучение ребенка чтению, если он еще не научился переходить улицу, завязывать шнурки, считать до десяти или отвечать по телефону? Кажется бессмысленным испытывать панику по поводу обучения чтению до школы.

Лучше всего предоставить ребенку много интересных книг и материалов, читать их и отвечать на его вопросы. И пусть природа беспрепятственно возьмет свое в нужное время.

В. *Следует ли школьников заставлять носить одежду, которая им не нравится?*

О. Конечно нет. Дети очень боятся насмешек со стороны друзей и потому готовы любой ценой избежать этой угрозы. Подчинение общепринятым нормам продиктовано страхом перед возможными насмешками. Подростки в особенной степени полагают, что если они будут одеты, как все, то никто над ними смеяться не будет. Учитывая это, совершенно неразумно подвергать детей ненужным унижениям со стороны других людей. Детям следует позволить самим выбирать одежду в определенном лимите бюджета и хорошего вкуса.

В. *Есть ли у малоспособных и умственно отсталых детей те же потребности в самоуважении, как у других?*

О. Как я уже объяснял ранее, иногда хотелось бы, чтобы такой потребности у них не было, однако они ничем не отличаются от нас в этом плане. Во время моей работы в государственной Лантернманской больнице в Помоне, штат Калифорния, на меня большое впечатление произвела огромная потребность в любви, проявленная со стороны самых тяжелых умственно отсталых пациентов. Бывали времена, когда я появлялся на пороге детской палаты, и более сорока умственно отсталых детей бросались ко мне с криками: «Папа, папочка, папа!» Они толкались, поднимая ко мне руки, обнимая за ноги, так что я часто боялся упасть. Их глубокая потребность в любви не могла найти удовлетворения в условиях больничной жизни, несмотря на исключительно высокий уровень обслуживания и заботы в больнице Лантернмана.

Эта потребность в уважении привела меня к поддержке современного направления в образовании, когда дети, находящиеся на приграничной полосе с умственной отсталостью, учатся в обычных классах и получают специализированную помощь в этих же классах без изоляции в особые классы. Клеймо «тормоза», как они себя называют, является унизительным для десятилетнего ребенка точно так же, как оно было бы унизительно для вас или меня.

ГЛАВА 9

Барьеры в обучении (часть 2)

Как мы видели в предыдущей главе, миллионы детей не отвечают стандартам, которые им предъявляет школа, а потому они относятся к числу «жертв академической деятельности». Этих детей можно разделить на три общие категории. В первые две группы входят дети с запоздалым развитием и малоспособные. В этой главе мы поговорим об уникальных особенностях третьей группы.

РАБОТА НИЖЕ СПОСОБНОСТЕЙ

Ребенок, работающий ниже своих способностей, не успевает, *несмотря* на то, что он может справиться с поставленными задачами. Такой ребенок может иметь коэффициент умственной деятельности сто двадцать баллов или выше, но в его табеле будут преобладать удовлетворительные и неудовлетворительные оценки. За последние годы о таких учениках нам стало известно намного больше благодаря мультфильму о Барте Симпсоне и его лозунгу «Работаю хуже, чем могу, и этим горжусь». Несмотря на эту сомнительную рекламу, детей, учащихся ниже своих способностей, понимают хуже (однако их число неизменно растет), чем отстающих в развитии и малоспособных детей.

Явное замешательство в понимании этой группы связано с тем, что для академических успехов необходимы *два* обязательных условия. Во-первых, должна присутствовать *интеллектуальная способность*. Но одних умственных способностей недостаточно. Также нужна *самодисциплина*. Способный ребенок может обладать, а может и не обладать самоконтролем, необходимым для того, чтобы изо дня в день справляться с тем, что он считает трудным и нудным занятием.

Интеллект и самодисциплина часто *не* связаны между собой. Бывает, что у ребенка есть одно и нет другого качества. Иногда бывает, что бесталанный ребенок своей усидчивостью достигает неожиданного уровня. Этот феномен известен как сверхдостижение. Противоположная комбинация, известная как работа ниже своих возможностей, представляется более распространенным явлением. Она типична для ребенка, обладающего значительным интеллектуальным потенциалом, но упрямо расточающим его впустую.

Совершенно очевидно, что отношение к детям, не использующим свои способности эффективно, усугубляет эту проблему. Это происходит, как было сказано в седьмой главе, по причине непонимания того, что обучение требует приложения больших усилий. Вспомните, к примеру, что должен сделать старшеклассник, чтобы выполнить повседневные домашние задания. Он должен понять, чего хочет учитель, включая номер страницы и остальные детали. Он должен принести домой необходимые книги и учебники. Он должен выключить телевизор и не отвечать на телефонные звонки. Он должен достаточно долго концентрировать свое внимание на задании, чтобы выполнить его правильно. На следующий день он должен принести выполненную работу в класс и сдать ее учителю. Он должен помнить выученный материал до следующей контрольной работы. И в конце концов ему нужно сделать подобное задание более одного и даже двух раз, его следует выполнять постоянно в течение всего учебного года.

Такого рода деятельность требует не только интеллекта. Тот факт, что ребенок обладает хорошим словарным запасом и может решать сложные головоломки, не значит, что он будет заставлять себя работать из недели в неделю, год за годом. Некоторые дети успешно заканчивают начальную школу, но позже сходят с дистанции. Было подсчитано, что у семидесяти процентов всех учащихся происходит спад академической активности где-то между седьмым и десятым классом. Несмотря на эту закономерность, ни школа, ни семья не готовы справиться с этой проблемой.

Типичный родитель реагирует на ребенка, не работающего в меру своих возможностей, следующим образом.

Сначала родитель полагает, что проблема возникла только из-за упрямства ребенка. Таким образом, родители могут забрать у ребенка велосипед на полгода, заниматься с ним до весны или вторгаться в его душу и посягать на его положение в семье. Полагаясь на точность моего предположения (согласно которому поведение зависит от вполне понятного отсутствия самоконтроля у ребенка), такая реакция вряд ли заставит ребенка проявить усердие в занятиях. В таких условиях школа становится угрозой, и весьма сомнительно, что ребенок испытает искреннее стремление к учебе.

Родители, которые сердятся на недостаточное усердие ребенка, могут столкнуться с ситуацией, когда ребенку трудно учиться, потому что он сильно отстал в учебе. Сопротивление интеллектуальным упражнениям во взрослом человеке считается естественным явлением, а в ребенке оно воспринимается как голое упрямство.

Второй подход заключается в том, что родители пытаются подкупить ребенка обещаниями, которые осуществятся в далеком будущем. Они готовы купить ему велосипед через два года или вместе с ним отправиться на охоту следующей осенью. Обещания, исполнение которых отсрочено, неэффективны по причинам, изложенным в предыдущей главе. Поощрения, отложенные на будущее, эквивалентны их отсутствию.

Третий вариант реакции родителей таков: «Он должен когда-нибудь научиться ответственности! Я не всегда буду рядом, чтобы оказать помощь, так что это его проблема».

Если родители используют неработающие подходы к разрешению этой трудности, то и не все школы могут оказать реальную помощь. Учителя и консультанты иногда говорят родителям: «Не беспокойтесь об этом. Когда-нибудь Джонни поднимется над проблемой». Но это самое большое заблуждение. Обычно Джонни над проблемой не поднимается. Серьезное отставание в первые годы учебы становится постоянным и неисправимым явлением. Более того, я заметил, что большая часть учеников, которые не используют свои способности сполна, становятся пожизненными неудачниками. Это часто ленивые, безвольные и неорганизованные люди во всем, что ни делают. Это постоянная черта характера, которая проявляется во всем, что должен делать человек.

За свою практику я имел дело более чем с пятью сотнями детей, работающих ниже своих способностей. В результате я пришел к выводу, что этот синдром имеет только два варианта разрешения. Во-первых, конечно (но это не панацея), родителям следует самим проявить столько заинтересованности в учебе, что у ребенка не будет другого выхода, кроме как заниматься и выполнять все, что от него требуется. Но это возможно только тогда, когда учитель сможет сообщать родителям о заданиях и успехах их детей, потому что они сами вряд ли донесут задание до дому! Подростки особенно постараются, насколько это в их силах, помешать общению школы с родителями.

В одной из школ, где я работал, каждый день устраивали двадцатиминутные занятия для выполнения домашних заданий. В это время ученики могли проконсультироваться, услышать объяснения и ознакомиться с вопросами, которые были связаны с учебой. За это время невозможно было проделать сколько-нибудь серьезную работу, но каждый день сотни родителей слышали, что за это время все домашние задания были выполнены. Наивные родители полагали, что этот период представлял собой длительное время усидчивых и серьезных занятий. Родители должны знать, что происходит в школе, если они действительно желают оказать влияние на развитие чувства ответственности у своих детей.

Кроме того, родители должны оказывать *поддержку* в тех областях, где нужна только самодисциплина. Вечернее время следует тщательно распланировать, поскольку это время для занятий, когда ребенку никто не должен мешать. Родителям следует знать, что ребенку задано и как должно выглядеть выполненное задание. Проведенные Центром изучения семьи, детей и молодежи исследования при Стэнфордском университете показали, что весьма эффективно и плодотворно помочь ребенку, не использующему свои способности до конца, можно посредством собственного вовлечения в учебу. Когда мама с папой постоянно помогают, поддерживают, вдохновляют и хвалят за хорошую работу, оценки, как правило, становятся выше.

Однако должен заявить, что это достаточно трудно. Участие родителей в учебном процессе редко длится более одной или двух недель, потому что папы и мамы сами не развили в себе нужной самодисциплины. Должны быть какие-то способы, способствующие их успеху, и я верю, что такие способы есть.

Дети, прежде не работавшие в меру своих способностей, буквально расцветают, если к ним применить систему немедленного поощрения, о которой я рассказывал несколько ранее. Если награды и мотивация, которые предлагаются в школе, не вдохновляют ребенка, значит, ему нужны дополнительные стимулы. Это позитивное поощрение должно основываться на конкретных и достижимых целях. Более того, награда должна ждать ребенка за маленькие отрезки положительного поведения. Вместо того чтобы поощрить ребенка за отличную оценку по английскому языку в конце четверти, ему можно подарить монетку в десять или двадцать пять центов за каждую правильно решенную задачку по математике.

«Взяточничество!» — воскликнут некоторые читатели.

«Ну и что? — отвечу я. — Главное, что ребенок начнет работать».

Использование немедленного поощрения служит тем же целям, что и стартер в машине. На одном стартере невозможно уехать далеко, но он намного легче заводит мотор в машине, чем толкание. Идеалиста, который возражает против использования внешней мотивации, я спрошу: «Какие иные альтернативы у вас имеются, кроме надежды на то, что ребенок когда-нибудь „вырастет из этой проблемы"?»

Несколько примеров могут проиллюстрировать конкретное применение поощрения в условиях школы. Один из самых успешных и классических случаев использования этого метода произошел с мальчиком по имени Билли, оставленным на второй год во втором классе. Его мотивация была сведена к нулю пережитыми неудачами, и он совершенно перестал работать в школе. Более того, его младшая сестра тоже училась во втором классе, перейдя в него в тот же год, когда брата оставили на повторное обучение. И, как вы можете догадаться, она училась блестяще, в то время как Билли утонул в болоте интеллектуальной трясины.

Поговорив с его матерью, мы определили мотивационную систему, которую затем внедрили дома. На основании наших договоренностей мать Билли составила следующий план:

За каждые пять минут, которые Билли проводил с родителями, занимаясь правописанием слов, заданных на неделю, он раскрашивал один столбик в своем графике. Когда все столбики оказывались раскрашенными, он получал новое сиденье к велосипеду. Столбики раскрашивались также за каждые десять минут работы с математическими карточками. Пятьдесят столбиков давали Билли поездку с отцом на боулинг. Мама Билли считала, что самой большой его проблемой является чтение. Поэтому чтение давало Билли возможность заработать поездку в парк развлечений (в его случае — в Диснейленд). Будучи самым большим призом, этот вид поощрения являлся результатом самой долгой его работы (один столбик за каждые пятнадцать минут чтения).

Такой регулировкой поощрения мы сделали одну награду легкодостижимой, другая следовала вскоре после первой, а в конце пути ждал большой приз. Билли очень скоро увлекся этой игрой. После школы он прибегал домой и вместе с мамой начинал делать уроки. И если раньше она не могла заставить его открыть учебник, он вдруг изъявил желание заниматься весь вечер. Система поощрения работала настолько хорошо, что последствия оказались самыми неожиданными.

Мама Билли позвонила мне на следующей же неделе, жалуясь на то, что совершенно не может заниматься своими делами, когда Билли дома.

Через некоторое время стали происходить странные вещи. Билли взялся за учебу, чего раньше у него и в мыслях не было. На очередной контрольной впервые в жизни он написал все слова правильно, и ему очень понравилось ощущение успеха. На уроках арифметики во время обсуждения задач он знал ответы и поднимал руку, чтобы подтвердить свои знания. Он стал намного лучше читать, и учительница перевела его из группы детей, которые читали медленно. Сам того не замечая, Билли вдруг испытал радость познания. Порочный круг неудач прервался.

Однако мы ошибемся, если станем утверждать, что можно вот так легко и быстро разрешить все проблемы с учебой. Некоторые дети, учащиеся ниже своих способностей, представляют собой крепкий орешек, и их *ничто* не заставит измениться. Тем не менее система поощрений предлагает наилучшую возможность для исправления. Эта система используется по всему миру и часто приводит к поразительным результатам.

Например, в городе Нью-Йорке эта система помогла многим юным правонарушителям научиться читать. Ребята, нарушившие закон, смеялись над попытками научить их читать, поэтому к ним нужно было найти иной подход, что привело к решению применить упомянутую выше систему. Исследователи сказали им, что существуют машины, которые *могут* научить людей читать, но эффективность этих машин нужно проверить и подтвердить на практике. Ребятам предложили принять участие в проверке машин, и за каждый правильный ответ им обещали платить деньги. Деньги за участие в летней программе были неплохие, и большая часть подростков, принявших это предложение, научились читать. Это, в свою очередь, помогло им порвать с преступным прошлым и вернуться в школу, где они использовали возможность получить образование.

Похожая система применялась также в тюрьмах Алабамы, где заключенным предложили заработать деньги посредством приобретения новых навыков и завершения образовательных курсов. В будущем система может найти новые, более широкие сферы применения для разрешения сложных проблем с поведением, включая случаи работы ниже своих способностей.

Дети и подростки, как и люди любого возраста, хотят научиться ответственности, хотят относиться к себе уважительно и жить правильной жизнью. Дети, которые плохо учатся в школе, как правило, глубоко несчастны, но им недостает самодисциплины, чтобы преодолеть собственную инерцию.

ЗАКЛЮЧЕНИЕ

В предыдущих двух главах я описал три серьезных барьера, стоящих на пути установления дисциплины в классе. Конечно, существуют и другие проблемы, о которых я не говорил подробно. Все, что тревожит или беспокоит ребенка, будет мешать ему в учебе. Например, ощущение собственной несостоятельности, неадекватности и неполноценности может мешать сосредоточиться на учебе. У ребенка, которому нужно справиться с подобными эмоциями, не остается времени на другие дела. Взрослые люди, пытавшиеся работать или думать во время ожидания подтверждения или опровержения тревожного диагноза, могут понять этот механизм преобладания подобных мыслей.

Родителям и учителям нельзя недооценивать страхи, которые ассоциируются у ребенка со школой. Независимо от того, достаточно ли четко ребенок определяет, чего он боится или что его тревожит, за воротами школы его поджидают многие опасности. Например, над ним могут смеяться. Над ним могут подтрунивать или критиковать учителя. Он может видеть реакцию неприятия со стороны детей противоположного пола. Он может не успевать в учебе, независимо от своих стараний. Эти и им подобные страхи могут заполонить собой весь мир маленького человека, и его ответное поведение может показаться ленью. Таким образом, разрешение школьных неудач часто требует рассмотрения вопросов, которые на первый взгляд никак не связаны непосредственно с обучением.

Я считаю особенно важной еще одну мысль. Мы обсудили три категории детей. Это дети с запоздалым развитием, малоспособные и работающие вполсилы. Но как учителям или родителям понять, к какой категории относится тот или иной ребенок? Как убедиться в том, что проблема не заключается в умственной неполноценности? Ответ на эти вопросы можно получить только в результате полной оценки со стороны специалиста, профессионала в своей области. Для определения проблемы ребенка в каждой из трех категорий, о которых я говорил, необходимо определить коэффициент умственного развития (IQ). Как можно убедиться в том, что неуспевающий ребенок не относится к разряду детей с запоздалым развитием, если не выяснить уровень его умственных способностей? Как можно отличить малоспособного человека от умственного неполноценного ребенка, если не определить его интеллектуальные возможности? Проверка IQ является исключительно важным средством в этой дифференциации.

К сожалению, во многих школах тест на IQ полностью исчез. Поскольку подобный подход в последние годы часто называли несправедливым по отношению к национальным меньшинствам, его стали подвергать суровой критике. Поэтому его использование становится «политически некорректным». В результате родителям, которые отчаянно нуждаются в оценке интеллекта детей, теперь приходится обращаться к частным психологам или консультантам. Те же, кому не хватает средств, чтобы получить эту дорогую помощь, вообще не могут помочь своим детям в этом плане. Я глубоко сожалею о политической ситуации, которая не позволяет школам оценивать эти качества своих учеников.

Но что насчет меньшинств? Неужели стандартные тесты несправедливы по отношению к афроамериканцам, испанцам и собственно американцам? Я так не думаю. Правда, меньшинства действительно иногда показывают менее впечатляющие результаты, потому что их не готовят соответствующим образом к подобного рода экзаменам. Но, пожалуйста, послушайте меня очень внимательно: тот же недостаток подготовки влияет и на работу школы. Результаты тестов тесно связаны с результатами учебы в школе. Если нам нужны тесты, которые не отражают культуру той или иной национальности, тогда сам тест будет бесполезен, потому что он *не предскажет* будущих результатов обучения.

Позвольте мне повторить то же самое еще раз. Целью тестирования является установление предполагаемых успехов ребенка в школе. И если стремиться к созданию инструмента, который не отразит недостатков, унаследованных ребенком от своей культуры, тогда эти самые недостатки неминуемо помешают ему в достижении успехов в классе. Вот к чему приводят игры в «политическую корректность».

Если вы не поняли, о чем я здесь говорю, пожалуйста, запомните следующее. Всех детей, которые испытывают затруднения в учебе, включая те же национальные меньшинства, обязательно нужно провести через стандартное тестирование на определение их уровня интеллектуального развития. Иначе вы никогда не поймете, в чем заключаются конкретные проблемы с этим ребенком и как с ними разобраться. Еще раз повторяю, верните в школы тест на IQ.

ВОПРОСЫ И ОТВЕТЫ

В. *Насколько я понимаю, через три месяца после обучения мы на восемьдесят процентов забываем все то, что выучили. С течением времени этот процент увеличивается. Зачем, в таком случае, нужно проводить детей через агонию обучения? Зачем нужны эти интеллектуальные упражнения, если результаты такие малоутешительные?*

О. Ваш вопрос отражает позицию старых теоретиков прогрессивного образования. Они хотели превратить школьное обучение только лишь в курсы по приспособлению к жизни. Они уделяли ничтожно малое внимание интеллектуальной дисциплине по тем же причинам, что упомянули вы в своем вопросе. Даже некоторые профессора в колледжах приняли эту философию «отсутствия содержания», как я говорил в предыдущей главе. Они считали, что изучаемый сегодня материал может стать устаревшим завтра, а потому его не стоит усваивать. Я совершенно не согласен с таким подходом к образованию. Существует по меньшей мере пять причин, по которым образование исключительно важно, даже если мы забываем большую часть из того, что учили.

(1) Как упоминалось ранее, воспитание самодисциплины — это очень важный компонент в обучении. Хорошие ученики привыкают в течение долгих часов сидеть, повиноваться инструкциям учителя, выполнять задания и использовать свои умственные способности. Поэтому домашняя работа как образовательный инструмент относительно не важна, она *нужна* в качестве ценного инструмента дисципли-

ны. Поскольку взрослому человеку часто приходится что-то приносить в жертву, школа помогает ребенку сформировать способность справиться в будущем с этой ответственностью. Естественно, в жизни ребенка также важная роль отводится игре. Детям нельзя работать все время. Дом и школа должны обеспечить условия для здорового соотношения между дисциплиной и игрой.

(2) Обучение важно, потому что мы *меняемся* посредством того, чему учимся, даже если изучаемые нами факты впоследствии забудутся. Ни один выпускник колледжа не в состоянии помнить все, что он учил в школе, однако он становится совершенно другим человеком, поступив в колледж. Обучение изменяет систему ценностей, отношения и концепции, которые со временем не увядают.

(3) Даже если невозможно вспомнить выученный материал, индивидуум знает, что эти факты существуют, и знает, где их найти. Если мы зададим необразованному человеку сложный вопрос, он, скорее всего, даст очень конкретный, но неправильный ответ. На тот же вопрос человек с образованием даст более обдуманный и осторожный ответ. Последний скажет примерно так: «На это можно посмотреть с разных сторон…» Даже если у него нет полного ответа, он знает, что вопрос сложнее, чем кажется.

(4) Мы не забываем все, что учили. Самые важные факты укладываются в нашей памяти для будущего использования. Человеческий мозг за всю жизнь способен сохранить в своих запасниках два миллиарда битов информации. Поэтому образование — это процесс наполнения банка памяти полезной информацией.

(5) Прежнее обучение делает последующую учебу легким процессом. Каждое умственное упражнение обеспечивает нас ассоциативными ключами, при помощи которых связываются будущие идеи и концепции.

Хотелось бы, чтобы для формирования человеческого разума были найдены легкие и более эффективные средства, чем медленное и болезненное обучение. Но боюсь, что мы будем зависеть от имеющегося старомодного подхода, если только вдруг не будет изобретена чудодейственная «учебная пилюля».

В. *Некоторые педагоги думают, что нам следует отказаться от оценок и табелей успеваемости. Считаете ли вы эту идею разумной?*

О. Нет. Оценки за успехи в обучении ценны для учеников, начиная с третьего класса и выше. Они закрепляют и поощряют успевающих учеников и являются стимулом для неуспевающих. Это важно, хотя оценки тоже должны использоваться соответствующим образом. Они обладают способностью создавать или уничтожать мотивацию.

В начальных классах и далее в старшей школе оценки ученика должны базироваться на том, что он делает с тем, что имеет. Другими словами, я думаю, что нам следует выставлять оценки в соответствии со способностями ребенка. Малоспособный ученик должен иметь возможность преуспевать в школе точно так, как эту возможность имеет одаренный ребенок. Если он прикладывает все старания и потеет ради достижения успеха, его нужно как-то поощрять, даже если полученные результаты не дотягивают до общепринятых стандартов. Таким же образом, одаренному ребенку не стоит ставить «отлично» только потому, что ему удается достигать успехов, не затрачивая при этом почти никаких усилий.

Главная цель при выставлении оценок сводится к награде за старание в учебе. Тем, кто не согласен с таким мнением, нужно поразмышлять над альтернативой, предложенной в следующем примере. Джо не одарен блестящими способностями и знает это. Во втором классе он прекратил все попытки успевать в школе. Но дойдя до шестого класса, он попал к учителю, который сумел побудить его приложить к учебе все свои способности. Он усердно работал, чтобы угодить учителю, несмотря на существовавшие проблемы с чтением, письмом и арифметикой.

К концу четверти Джо продолжал упорно трудиться, и хотя с письмом дела обстояли лучше, он все еще мучился с учебником по чтению для третьего класса. Что должен был сделать учитель с табелем успеваемости Джо? Если бы он оценил мальчика по тем же критериям, по которым оценивались одноклассники Джо, мальчик не мог бы получить удовлетворительную отметку. Если бы учитель признал поражение Джо, мальчик больше никогда не взялся бы за учебу.

Поскольку Джо старался изо всех сил, мог ли он получить такую же оценку, какую получал в предыдущие годы за то, что сидел, бессмысленно глядя в пространство перед собой? Думаю, нет. Джо следовало явно и видимо похвалить за старание и поставить в табель хотя бы удовлетворительную оценку. Учителю следовало спокойно объяснить родителям перспективы и заручиться их поддержкой, продолжая вдохновлять Джо на дальнейший труд.

Любая другая система оценки приведет в результате к унынию детей с менее выраженными способностями. Даже сообразительные дети обычно работают еще лучше, если их нацеливают на отличные результаты.

Есть, однако, одно исключение в политике «оценки по способностям». Подготовительные курсы в старших классах школы для поступления в колледж должны базироваться на абсолютных стандартах. Отличные оценки по химии или интегральным вычислениям воспринимаются приемной комиссией в колледже как признак отличного качества, и учителя старших классов должны поддерживать этот уровень.

Но Джо и подобным ему ученикам не следует идти на подобные подготовительные курсы.

Еще раз повторяю, что оценки могут стать самым важным мотивационным средством для учителя при условии, что ими пользуются правильно. Поэтому желание избавиться от оценок в школе может стать средством избавления от дисциплины в классе.

В. *У моего ребенка установлено нарушение внимания, поэтому ему трудно учиться хорошо. Я понимаю его проблему. По большей части предметов он приносит домой удовлетворительные и плохие оценки, и я знаю, что подобная ситуация сильно ограничивает его возможности в будущей жизни. Как мне следует относиться к ребенку, который из года в год не успевает в школе?*

О. Совершенно очевидно, что учителя и администрация школы по возможности должны обеспечить такому ребенку поддержку и дополнительные занятия. Кроме этого, однако, я настоятельно рекомендую, чтобы дома такому ребенку говорили о необходимости стремления к хорошим результатам.

Требовать от ребенка с дислексией (неспособностью к чтению) успевать в школе — это то же самое, что заставить ребенка с церебральным параличом пробежать со здоровыми одноклассниками стометровку наперегонки. Представьте себе папу и маму, которые стоят у финишной ленты и упрекают своего калеку-ребенка за то, что он приковылял к финишу последним.

«Почему ты не бегаешь быстрее, сын?» — спрашивает мама с явным неодобрением.

«Мне кажется, тебе безразлично, выигрываешь ты или проигрываешь», — говорит недовольный папа.

Как маленькому человеку объяснить, что его ноги не передвигаются так же быстро, как ноги здоровых детей, с которыми его заставили соревноваться? И кто станет ожидать, что он прибежит на этом соревновании первым? Никто, потому что его физический недостаток явный. Это видят все.

К сожалению, ребенка с нарушениями, мешающими ему успевать в школе, понимают не так хорошо. Его провалы в обучении понять труднее, и очень часто их объясняют ленью, непослушанием или осознанным нежеланием учиться, поэтому на него оказывают давление, требуя выполнить невозможное. Исключительно серьезной угрозой его эмоциональному здоровью становится требование сделать то, чего он сделать не в состоянии.

Позвольте мне снова повторить предыдущее мнение в самых точных терминах. Я верю в возможность и необходимость блестящих результатов в учебе. Я хочу довести до максимума каждую йоту интеллектуального потенциала, которым обладает ребенок. Я не думаю, что можно позволить ему безответственное поведение только потому, что ему не хочется работать. Несомненно, учебная дисциплина принесет огромную пользу в течение всей его жизни.

С другой стороны, в жизни есть вещи, намного более важные, чем успехи в школе. Одна из них — это уважение к себе и чувство собственного достоинства. Ребенок может выжить в трудных условиях, даже если он не сможет отличить существительное от глагола. Но если у него нет соответствующей меры уверенности и уважения к себе, у него в жизни не будет никаких шансов преуспеть.

Я еще раз подчеркиваю свое убеждение, согласно которому ребенок, не умеющий преуспевать в традиционном образовании, ни в чем не стоит ниже своих одноклассников. Он обладает той же мерой человеческого достоинства и ценности, как и интеллектуальные звезды в его классе. Глупые культурные искажения вынуждают нас оценивать достоинство детей в соответствии с их способностями и физическими качествами, которыми они обладают (или не обладают).

Каждый ребенок в равной степени ценен в глазах Бога, и меня это вполне устраивает. Таким образом, если мой маленький мальчик или девочка не достигает успеха в одном окружении, мы просто поищем другие измерения. Любой любящий родитель сделает то же самое.

ГЛАВА 10

Дисциплина в области морали

Мой друг и коллега, адвокат Гэри Бауэр восемь лет служил в администрации Рейгана, после чего был назначен Главным советником по вопросам внутренней политики при президенте. В последние годы пребывания в Белом доме Бауэр также возглавлял историческую Комиссию по вопросам семьи, которая обнаружила поразительные факты, касающиеся наших подростков.

Через два года исследований Комиссия Бауэра выяснила, что американцы во всех возрастных категориях были более состоятельными во время проводимых исследований, чем за десять лет до них. И среди взрослых, и среди детей состояние здоровья, уровень питания и качество обучения были лучше. На детей тратилось больше денег из налогового бюджета. Большее количество программ и бюрократов были готовы служить удовлетворению нужд людей. Однако в этих выводах было одно поразительное исключение.

Положение с подростками было значительно *хуже*, чем в предыдущем десятилетии. И в этих проблемах, связанных с подростками, нельзя было обвинить правительство, преподавателей или медиков. Напротив, Бауэр и его коллеги обнаружили, что молодые люди сосредоточенно *убивали себя* с устрашающим ускорением. Страшно смотреть на то, каким враждебным стал мир подростков и как безуспешно они пытаются справиться со своими проблемами.

Предположим, что вчерашние родители смогли бы посетить наше время и понаблюдать за условиями, в которых живут наши дети. Они были бы поражены проблемами, столь широко распространившимися (и продолжающими распространяться) в наших домах, школах и микрорайонах.

Групповые преступления и одиночные правонарушения среди молодых людей достигли немыслимого уровня. Беспрецедентно быстро растет количество блуждающих групп детей и подростков, которые стреляют, режут и нападают друг на друга. Теперь часто под перекрестный огонь попадают прохожие и невинные дети, когда шальные пули летают в районах нашего проживания. Сегодня нередки случаи, когда в крупных городах за выходные дни погибают по десять–пятнадцать подростков. Реанимационные палаты в больницах всех городов набиты до отказа жертвами непрекращающихся бандитских разборок. Убийства настолько часты, что многие случаи даже не попадают в сводки новостей. И только когда количество погибших выходит за определенные границы, люди начинают испытывать тревогу от происходящего. Кто бы мог в это поверить в 1970 году, когда была написана первая версия «Не бойтесь быть строгими»?

Когда количество убийств третий год подряд заняло рекордное место, Исаак Фулвуд, начальник полиции в городе Вашингтон, обвинил в этом распространение наркотиков в городе.

С такой же легкостью он мог указать пальцем на городские власти. В то же самое время по всей стране средства массовой информации писали о пристрастии мэра города Мариона Бэрри к кокаину.

«Соединенные Штаты вырастили потерянное поколение детей», — провозгласил один авторитет, говоря о подростковой преступности, представленной в цифрах Министерства юстиции. Статистика показывает, что с 1983 года подростки моложе восемнадцати лет стали грабить в пять раз активнее, убивать в три раза чаще и в два раза больше совершать изнасилований. Чернокожие молодые люди в возрасте от пятнадцати до двадцати четырех лет чаще всего умирают насильственной смертью. Большее количество белых людей гибнут только в автокатастрофах.

«Каждые сто часов на наших улицах мы теряем больше молодых людей, чем за сто часов войны в Персидском заливе», — сокрушается доктор Луис Салливан, секретарь Министерства здравоохранения при президенте Буше. «Где желтые ленты надежды и памяти в честь той молодежи, что гибнет на улицах?»

Случаи жестокого насилия теперь происходят не только на экранах телевизоров. Это реальность повседневной жизни для многих молодых людей. В 1987 году одаренных учеников из города Вашингтон, учившихся в государственной школе, спросили о том, был ли убит кто-нибудь из знакомых им ребят. Из девятнадцати человек четырнадцать подняли руки. Каким образом они были убиты? «Застрелен», — сказал один ученик. «Зарезан ножом», — сказал другой. «Застрелен». «Застрелен». «Наркотики». «Застрелен». И все это тринадцатилетние дети.

К таким же результатам пришли исследователи медицинского факультета университета в Мэриленде, работавшие со ста шестьюдесятью восьмью подростками. Детей спросили, были ли они каким-нибудь образом вовлечены или сталкивались с преступлением. В ответ на это двадцать четыре процента опрошенных ответили, что были свидетелями убийства, семьдесят два процента знали человека, который был застрелен.

Если заглянуть в окружение подростков, сразу становятся очевидными признаки настоящей катастрофы. Главной причиной беспорядков, конечно, является продолжающееся злоупотребление алкоголем или наркотиками среди подростков. Недавний опрос Гэллапа показал, что до окончания средней школы поразительно большой процент подростков успевает пристраститься к наркотикам, оказывающим сильное воздействие на мозговую деятельность. Восемьдесят пять процентов уже экспериментируют с алкоголем. Пятьдесят семь процентов пробуют запрещенные наркотики, а тридцать пять процентов напиваются хотя бы раз в месяц.

И чтобы мы, живущие в христианских семьях, не обольщались, следует сказать, что нет особо большой разницы между подростками, употребляющими те или иные наркотические средства и относящимися к верующим и неверующим семьям.

Страшная, ужасающая информация для каждого здравомыслящего человека!

И действительно, глубоко в душе я испытываю боль оттого, что мы допустили подобный ход событий в жизни наших детей. Что нужно сделать, чтобы человечество проснулось и забило тревогу, отказавшись спокойно сидеть на обочине, наблюдая, как наши дети пытаются выжить в этом обществе? Наступило время, когда каждый боящийся Бога христианин должен пасть ниц в раскаянии перед Всемогущим. Эту ситуацию допустили *мы с вами! Мы* позволили аморальным режиссерам и телевизионным продюсерам зарабатывать целые состояния на эксплуатации наших детей. *Мы* разрешили грязи и другой ужасающей продукции, превозносящей насилие, вторгнуться в наши дома через кабельное телевидение, видео, CD и Интернет. *Мы* стояли пассивно, пока программы по планированию семьи учили наших детей сексуальной неразборчивости. *Мы* разрешили им заполонить наши школы и внедрить в сознание чужеродную систему ценностей, которая противоречит всему, во что мы верим и что любим. *Мы* предоставили сторонникам абортов бесконтрольный и неподотчетный доступ к нашим маленьким дочерям, в то время как мы думали о чем-то другом. *Мы как родители виновны в том, что разрешили контактировать с нашими детьми людям, которые использовали их в своих корыстных целях.* Где, во имя Бога, были мы сами? Насколько все должно стать хуже, прежде чем мы скажем, что с нас хватит!

В корне всех этих отдельных и частных трагедий лежит моральная катастрофа, которая потрясла наши семьи до самого основания. Мы забыли Бога и отвернулись от Его святых заповедей. Но от этого пострадали наши дети, и именно они будут продолжать расплачиваться за отсутствие нашего контроля и усердия.

Из всех сфер жизни, в которых мы потеряли авторитет в глазах подрастающего поколения, нет более постыдного, чем сексуальная распущенность, которая пропитала собой весь мир. Нет более эффективного пути для разрушения устоев семьи, чем подрыв сексуальной исключительности, на которой построен брак. И все же этот подрыв был совершен осознанно и намеренно теми, кто презирает христианскую систему ценностей. Сегодня сторонники «безопасного секса» продвигают свою кампанию с опустошающей эффективностью.

В 1991 году гуманистическая организация, известная как «Совет по сексуальной информации и образованию в США», создала специальную комиссию по изучению данного вопроса. В ее состав вошли двадцать педагогов, социальных работников и медиков, которые должны были выработать всестороннюю программу по половому воспитанию для детей и подростков. Они подготовили доклад на сорока страницах для местных специалистов, занятых в области разработки программы по сексуальному образованию, озаглавленной «Руководство по сексуальному образованию». Отдельные члены этой специальной комиссии очень широко известны

в области формирования мнения и сексуального поведения молодых людей. Взгляните на то, что они рекомендуют нашим детям.
- Люди не выбирают свою сексуальную ориентацию.
- Традиционные половые роли, связанные с сексуальностью, в нашем обществе становятся все более гибкими.
- Телефонный номер коммутаторов гомосексуалистов и лесбиянок _____.
- Встречающиеся молодые люди необязательно должны определиться с конкретной половой ролью.
- Мастурбация в одиночку или с партнером является дополнительным способом получения и выражения своей сексуальности без риска забеременеть или заразиться болезнью, передаваемой половым путем.
- Некоторые люди используют эротические фотографии, фильмы или литературу для расширения сексуальных фантазий в одиночку или с партнером.
- Право женщины на аборт гарантируется Верховным судом, хотя в некоторых штатах существуют местные ограничения.
- Стереотипные половые роли могут привести к таким проблемам, как отсутствие вдохновения, мало оплачиваемая работа, изнасилования во время свиданий и болезни в результате стрессов.
- Нет никаких доказательств, что эротические образы в искусстве становятся причиной неадекватного сексуального поведения.
- Подростки могут без согласия родителей проходить конфиденциальные тесты на наличие заболеваний, вызванных половым путем, и ВИЧ, а также их лечение.
- Многие религии сегодня признают, что люди были созданы сексуальными и что их сексуальность является нормальным и благоприятным фактом.

Специальная комиссия, подготовившая это руководство, определенно имеет конкретную программу, в которую входит гомосексуализм, аборты по требованию, сексуальные отношения между неженатыми людьми, неограниченный доступ молодых людей к порнографии и так далее. Ну, как, родители? Вы это хотели дать своим детям? Я не верю, что большая часть сегодняшних мам и пап согласятся с такими целями, но, по всей видимости, многие просто слишком равнодушны, чтобы воспротивиться этому.

Ну что ж, организация, которую я представляю, достаточно заинтересована и потому громко выражает свое мнение. Мы сделаем все от нас зависящее, чтобы спасти это поколение детей, столкнувшееся с угрозой смерти, от ужасающей ВИЧ-инфекции. Мы больше не будем пассивными.

В 1992 году наше служение «В фокусе семья» напечатало в «USA Today» информацию, которая разоблачала риск, сопряженный со «здоровым» сексом. Содержание той страницы настолько важно, что я привожу её здесь полностью вместе с последующими соответствующими комментариями. Пожалуйста, обратите внимание, что даже если не затрагивать вопросы морально-нравственного плана, следует осознать, что либералы в области секса создают исключительно серьезные проблемы в области здоровья. Рано или поздно среди детей, которых пичкают ложью, вспыхнет страшная эпидемия болезней, передающихся половым путем.

В защиту девственности
Послание служения «В фокусе семья»

Федеральное правительство с 1970 года потратило почти три миллиарда долларов из налогового бюджета для продвижения противозачаточных средств и пропаганды безопасного секса среди подростков. Наступило время задать самим себе вопрос: что мы получили в обмен на наши деньги?

Вот некоторые факты:

- Федеральные центры по контролю за распространением заболеваний обнаружили, что в настоящее время в стране зафиксирован один миллион случаев заболеваний ВИЧ-инфекцией.
- Один из ста студентов, посещающих Центр здоровья университета Техаса, является носителем этого смертельного вируса.
- Уровень передачи ВИЧ-инфекции через разнополый сексуальный контакт с сентября 1989 года увеличился на сорок четыре процента.
- Ежегодно до трех миллионов подростков инфицируются болезнями, передаваемыми половым путем (венерические болезни).
- Шестьдесят три процента всех венерических болезней приходится на молодых людей моложе двадцати пяти лет.
- Ежегодно возникает один миллион новых воспалительных заболеваний в области таза.
- Ежегодно возникает один миллион триста тысяч новых случаев заболевания гонореей, не поддающихся лечению пенициллином.
- Эпидемия сифилиса находится на пике за последние сорок лет, и каждый год армия инфицированных увеличивается на сто тридцать четыре тысячи человек.
- Каждый год возникает пятьсот тысяч новых случаев герпеса.
- Подсчитано, что шестнадцать целых и четыре десятых процента населения США в возрасте от пятнадцати до семидесяти четырех лет инфицированы этим вирусом, и общее их количество превышает двадцать пять миллионов американцев. В некоторых группах населения количество инфицированных достигает шестидесяти процентов от общей численности.
- Каждый год врачи констатируют четыре миллиона новых случаев возникновения хламидиоза, этой болезнью инфициро-

ны от десяти до тридцати процентов подростков в возрасте от пятнадцати от девятнадцати лет.
- В настоящее время зарегистрированы двадцать четыре миллиона случаев вируса папилломы с существенным преобладанием этого заболевания среди подростков.

На настоящий момент существует более двадцати опасных болезней, передаваемых половым путем и с огромной скоростью распространяющихся среди молодых людей. Добавьте к этому проблемы, связанные с половой распущенностью: бесплодие, аборты и инфицирование новорожденных. Размах этой эпидемии поражает всякое воображение как в плане человеческих страданий, так и в том, как за это приходится расплачиваться обществу. Однако эпидемиологи утверждают, что это только начало.

Невероятно, но гуру безопасного секса и сторонники использования презервативов, заведшие нас в это пагубное болото, по-прежнему пропагандируют свою политику по отношению к подростковой сексуальности. Их идеи потерпели фиаско, и нам пора пересмотреть эту обанкротившуюся позицию.

Как давно вы слышали, чтобы кто-нибудь говорил подростку, почему нужно сохранить свою девственность до женитьбы? Их не информируют о фактах с трагическими последствиями в результате непослушания. Если мы будем продолжать идти на уступки болезни, которая поразила это поколение американцев, подростковая распущенность будет расти дальше, и миллионы детей, полагая, что они защищены, будут страдать всю оставшуюся жизнь. Многие умрут от СПИДа.

Существует только один безопасный способ сохранить здоровье в этой сексуальной революции. Для этого нужно воздержаться от интимных отношений до вступления в брак, а затем хранить верность партнеру по браку, учитывая, что партнер тоже не заражен. Таковы концепции, которыми люди руководствовались до 1960-х годов. Но с тех пор в обществе возникли другие идеи, одна из которых теперь угрожает всей человеческой семье.

Каждый раз, когда речь заходит о воздержании, возникают определенные вопросы. Пора дать на них четкие и ясные ответы.

По каким причинам, кроме моральных аспектов, подросткам следует воздерживаться от сексуальных отношений до брака?

Никакой другой подход не приведет к избавлению от угрозы эпидемии болезней, передаваемых половым путем. Так называемое разрешение проблемы при помощи безопасного секса по сути представляет собой надвигающуюся на всех нас катастрофу. Презервативы — ненадежный способ предохранения от беременности по меньшей мере в 15,7 процента случаев в год.

В 36,3 процента случаев в год они подводят молодых незамужних женщин из национальных меньшинств.

В рамках исследования мужчин-гомосексуалистов Британский медицинский журнал сообщает о неэффективности этих средств из-за соскальзывания и разрыва презервативов, уровень неэффективности которых доходит до двадцати шести процентов.

Учитывая эти цифры, становится понятно, почему мы обращаемся к людям, которые надеются на презервативы как средство контроля за рождаемостью. Мы называем этих людей… родителями.

Памятуя, что женщина может забеременеть в течение одного или двух дней в месяц, мы можем только догадываться, как часто подводят презервативы людей, пытающихся защититься от болезней, способных передаваться все триста шестьдесят пять дней в году! Если презервативы использовать неправильно или если они соскользнут всего один раз, участники контакта обмениваются вирусами и бактериями, и начинается процесс заражения. Одна ошибка после пятисот «удачных» контактов и человек подхватывает болезнь, передающуюся половым путем. Губительный вред нанесен всего за одну секунду, когда разумная мысль подавляется порочной страстью.

Люди, надеющиеся на эти небезопасные методы, должны пользоваться ими правильно каждый раз, но даже тогда эти средства слишком часто подводят в силу факторов, от них не зависящих. Молодая жертва, поверившая старшим, говорившим, что маленький кусочек латекса может защитить от смертельной угрозы, не знает, что она рискует получить на всю оставшуюся жизнь боль и даже смерть в обмен на столь короткий миг удовольствия. Какое бремя взваливается на неокрепший разум и тело этой жертвы!

Далее нам нужно признать, что существуют и другие различия между предотвращением беременности и болезней. Вирус иммунодефицита составляет одну двадцать пятую часть от общей ширины сперматозоида и легко проходит даже через самые крошечные зазоры в презервативе. Исследователи, изучающие хирургические перчатки, сделанные из латекса, того же материала, что и презервативы, обнаружили каналы шириной в пять микрон, пронизывающие всю толщину перчатки.

Вирус иммунодефицита человека измеряется всего одной десятой микрона.

Учитывая эти данные, какой разумный и информированный человек доверит свою судьбу и саму жизнь такому ненадежному средству?

Это определенно объясняет, почему ни один из восьмисот сексологов на конференции, прошедшей несколько лет назад, не поднял руку в ответ на вопрос, можно ли доверять тонкому презервативу в половом контакте с ВИЧ-инфицированным человеком.

Кто их в этом обвинит? Они в конце концов не сумасшедшие. Тем не менее они с готовностью говорят нашим детям, что безопасный секс существует и что они могут позволить себе безнаказанно спать с кем угодно.

Есть только один способ защитить себя от смертельной болезни, и этот способ заключается в ожидании. Это воздержание от интимной жизни до брака, затем вступление в брак и взаимная супружеская верность на всю жизнь со здоровым партнером. Все иное будет потенциальным самоубийством.

Но такая позиция просто НЕРЕАЛЬНА сегодня. Это не работающее решение: дети его НЕ примут.

Одни примут. Другие нет. И все-таки этот подход представляет собой единственный выход. Но давайте поговорим об этом невозможном решении. С 1970 года федеральное правительство затратило почти три миллиарда долларов на пропаганду противозачаточных средств и безопасного секса. Только в этом году четыреста пятьдесят миллионов долларов ваших налогов будут спущены в канализацию!

(Сравните эти цифры с менее чем восьмью миллионами долларов на программы по пропаганде воздержания, которые Тедди Кеннеди-старший постоянно старается изъять.) Пора нам спросить, что мы получили за свои деньги? После двадцати двух лет растраты почти трех миллиардов долларов приблизительно пятьдесят восемь процентов девочек младше восемнадцати лет так и не используют противозачаточные средства во время первого вступления в половой контакт.

Более того, подростки в среднем склонны в течение целого года вступать в интимный контакт без применения контрацептивов, прежде чем они начинают использовать какие-нибудь средства контрацепции.

Таков уровень успеха экспертов, которые называют воздержание нереальной и неработающей концепцией.

Даже если мы потратим еще пятьдесят миллиардов на продвижение презервативов, большая часть подростков по-прежнему не будет ими пользоваться постоянно и правильно. Природа человеческих существ и спонтанность этого акта просто не позволяет юным романтикам реагировать в подобных ситуациях трезво и обдуманно.

Но если вы знаете, что подросток намеревается вступить в половой контакт, разве вы станете учить его пользоваться презервативом?

Нет, потому что такой подход имеет непреднамеренные последствия. Рекомендации по использованию презервативов неизбежно передают подростку пять опасных идей: (1) Безопасный секс возможен. (2) Все это делают. (3) Ответственные взрослые предполагают, что и детям этим можно заниматься. (4) Это хорошо и правильно. (5) Их ровесники знают, что они тоже это знают, таким образом создавая половую распущенность. Это исключительно вредная информация для наших детей.

Более того, данные организаций по планированию семьи показывают, что подростки вступают в половую связь в первую очередь потому, что их к тому побуждают сами же ровесники!

Все, что мы делаем, полагая, что это делают остальные люди, в результате вызывает лишь все большее, но никак не меньшее количество людей, вступающих в эту игру. Программы по раздаче презервативов не сокращают количество зараженных детей, но радикально увеличивают его!

Какие доказательства? С тех пор, как федеральное правительство в 1970 году запустило свою основную программу по применению контрацептивов, количество беременностей вне брака увеличилось на восемьдесят семь процентов среди подростков возрасте от пятнадцати до девятнадцати лет.

Таким же образом, аборты среди подростков выросли на шестьдесят семь процентов (увеличение зафиксировано с 1973 года, первого года легализации абортов), рождение детей вне брака увеличилось до шестидесяти одного процента.

Венерические заболевания обрушились на целое поколение молодых людей. Хорошо поработали, консультанты-сексологи. Мудрое решение, сенаторы и конгрессмены. Приятных сновидений, Америка!

Совершив грубую ошибку, которая теперь грозит человеческой семье, можно было бы подумать, что зачинатели этого движения одумаются и станут извиняться за неверные расчеты. Однако напротив, они продолжают воздействовать на Конгресс и корпоративную Америку, требуя больше денег. Учитывая, что на эту тему распространяется ложная информация, они, по-видимому, деньги получат.

Но если вы родитель и знаете, что ваш сын или дочь имеет с кем-то интимные отношения, сможете ли вы предложить им использовать презервативы?

Насколько велик риск, когда мы говорим о жизни подростка? Исследования женатых пар, в которых один партнер был инфицирован ВИЧ, показали, что семнадцать процентов партнеров, использовавших презервативы, все же в течение первых полутора лет заразились этим вирусом.

Объяснять нашим детям, что презервативы сокращают риск заболеваний на одну шестую (семнадцать процентов) ненамного лучше, чем советовать им играть в русскую рулетку. Обе игры в конце концов приведут к фатальному концу. Вся разница в том, что посредством револьвера смерть наступит быстрее. Предположим, что ваш сын или дочь собирается прыгать с парашютом в группе из шести человек. Если вы точно знаете, что у одного из шести парашют не раскроется и он погибнет, потянув за собой других, разве вы посоветуете своему ребенку покрепче застегнуть свой парашют? Конечно нет. Вы скажете: «Пожалуйста, не прыгай! Твоя жизнь в опасности!» Как иначе может поступить любящий родитель?

«Дети не станут прислушиваться к советам о воздержании. Вы просто зря потратите время и нервы», — говорят нам сторонники половой распущенности.

Существует популярный миф о том, что подростки не способны понять собственный интерес в воздержании до брака. Однако достоверно известно, что почти шестьдесят пять процентов старшеклассниц моложе восемнадцати лет девственницы.

Дисциплина в области морали

Несколько лет назад в Лексингтоне, штат Кентукки, было организовано мероприятие, не связанное ни со спортом, ни с выступлением рок-группы. Там просто выступал бывший заключенный Гарольд Моррис, говоривший среди всего прочего о воздержании. В аудитории, рассчитанной на восемнадцать тысяч мест, собралось двадцать шесть тысяч подростков. Еще две тысячи стояли вне зала и слушали через наспех сооруженную систему громкой связи. Кто сказал, что подростки не будут слушать эту почитаемую временем концепцию?

Даже подростки, которые уже активно вовлечены в интимные отношения, могут остановиться. Такое решение приводит к так называемой вторичной девственности, и эта добрая концепция подразумевает, что молодые люди могут все начать сначала. Одна молодая девушка недавно написала популярной журналистке Анне Ландерс, что сожалеет, что не сохранила себя в невинности. В конце письма она приписала, что с радостью вернула бы ее вновь. Будучи ответственными взрослыми людьми, мы можем сказать этой девочке, что несмотря на потерю девственности, она может идти по пути чистоты. Она может восстановить самоуважение, защитить свое здоровье, потому что никогда не поздно отказаться от внебрачного секса.

Осознавая, что сторонники безопасного секса принадлежат в основном к образовательным кругам, следует спросить, неужели не существует положительных программ по воздержанию для подростков?

К счастью, действительно существуют отличные программы на эту тему. Хорошим тому примером является организация «Teen-Aid» (В помощь подросткам) в городе Спокан и Юго-Западный Родительский комитет в Чикаго. Есть и организация «Next Generation» (Следующее поколение) в Мэриленде, «Choices» (Выбор) в Калифорнии и «Respect Inc.» (Уважение). Кроме них есть «Facing Reality» (Лицом к реальности), «Sex Respect» (Уважение к сексу), «Me, My Word, My Future» (Я, мое слово и мое будущее). Это также «Reasonable Reasons to Wait» (Разумные причины для ожидания), «Sex, Love & Choices» (Секс любовь и выбор) и «F.A.C.T.S» (Факты) и так далее. Это программы по воздержанию, призванные помочь детям принять правильный выбор в области своей интимной жизни.

Хорошая программа для городской молодежи была разработана в организации «Лучшие друзья» Элейн Беннетт. Эта успешная воспитательная программа помогает подросткам в Вашингтоне закончить среднюю школу, сохранив желание к воздержанию. За пять лет участия в этой программе ни одна девочка не забеременела.

Пропаганда идей воздержания среди молодежи, однако, может превратиться в бессмысленное занятие. Не по причине того, что дети не хотят слушать, но именно потому, что этого хотят многие. Простые высказывания в пользу воздержания тонут в море необузданной и отравленной пропаганды о том, что подростки не могут жить без секса, а потому им нужно пользоваться презервативами. Главная ответственность за это зло ложится на специалистов в области безопасного секса, которые утверждают, что подростки имеют право на самовыражение через секс, если только делают все это правильно. Кто еще сделал такой же огромный вклад в разгул этой эпидемии?

Индустрия развлечений вместе с телевизионными продюсерами должны также разделить бремя вины за гибель молодежи. Интересно, что в этом контексте все четыре основных канала и кабельное телевидение ломают руки, скорбя по поводу ужасающей эпидемии СПИДа. Они проявляют свою озабоченность и сострадание по отношению к тем, кто заразился болезнями, передающимися половым путем. Вполне вероятно, что они искренни. Однако теле- и киномагнаты сделали огромный вклад в распространение этой чумы. В течение десятилетий они изображали подростков, которые постоянно то залезают, то вылезают из постелей друг друга, словно запрограммированные на секс роботы. Целомудренными у них оставались только тупицы, потому что они были слишком глупыми или уродливыми, чтобы найти себе партнеров.

Конечно, герои этих похотливых спектаклей, которых изображали красивые молодые актеры, по сценарию никогда не сталкивались с последствиями сексуальной распущенности. Ни у кого и никогда не было герпеса, сифилиса, хламидий или воспалительных заболеваний в области таза, не было бесплодия или СПИДа. Не было у них язвочек в области гениталий, не было рака шейки матки. Пациентам в этих шоу врачи не говорили, что их болезни неизлечимы и что всю оставшуюся жизнь им придется испытывать мучительные боли. Никто из них не слышал, что рак в области гениталий, связанный с вирусом папилломы, убил большее количество женщин, чем СПИД, и что страшные последствия гонореи теперь не восприимчивы к лечению пенициллином.

Нет, там не было ничего грустного. Было очень весело. Но какую цену придется платить за ту ложь, которой кормили все это время наших детей?

Правительство также сделало свой вклад в кризис и продолжает осложнять существующую проблему. Например, брошюра от федеральных центров по контролю за распространением заболеваний и от города Нью-Йорка названа «Подростки имеют права» и явно направлена на освобождение подростков от авторитета взрослых. В этой брошюре имеется шесть заявлений, составляющих законопроект прав подростков. Там, в частности, написано:

◆ Я имею право принимать решения сам.
◆ Я имею право решать, заниматься ли мне сексом и с кем.
◆ Я имею право во время сексуальных контактов пользоваться защитными средствами.
◆ Я имею право приобретать и использовать презервативы.
◆ Я имею право на самовыражение.
◆ Я имею право в случае нужды просить о помощи.

Под последним заявлением (право на помощь) целый список организаций с телефонами, куда могут позвонить читатели. Философия, которой руководствуются некоторые из этих организаций, отражает гомосексуальные концепции, куда включена вербовка молодых людей и страстные заявления о правах подростков выражать себя через секс.

Ваши налоговые деньги работают!

Конечно, есть и другие американцы, которые признают опасность, угрожающую нынешнему поколению наших самых талантливых и ярких молодых людей. Пора поднять голос в защиту старомодной добродетели, имя которой целомудрие. Теперь, как никогда раньше, эта добродетель становится просто необходимой.

Ответ на наш призыв был ошеломляющим. В наши офисы пришло более пятидесяти тысяч писем от взволнованных родителей, учителей, работников здравоохранения и церковных лидеров, благодаривших нас за послание. Многие были согласны с нашей позицией, но считали себя бессильными против средств массовой информации и правительства, которым платили инициаторы пропаганды порочного образа жизни. Но наступило время действовать. Пора созвать Конгресс и потребовать прекращения финансирования программ по продвижению безопасного секса и тому подобных вещей. Пора научить наших детей старомодным принципам морали, не только потому, что это безопасный подход к жизни, но и потому, что это *правильно*. Он находится в полной гармонии с заповедями Того, Кто сказал следующее:

«Горе тем, которые зло называют добром, и добро — злом, тьму почитают светом, и свет — тьмою, горькое почитают сладким, и сладкое — горьким! За то возгорится гнев Господа на народ Его, и прострет Он руку

Свою на него и поразит его, так что содрогнутся горы, и трупы их будут как помет на улицах. И при всем этом гнев Его не отвратится, и рука Его еще будет простерта» (Ис. 5:20, 24).

НЕСКОЛЬКО СЛОВ О ПОЛОВОМ ВОСПИТАНИИ

Я посвятил оставшуюся часть этой главы родителям и учителям, которые верят в мораль и порядочность и хотят привить своим детям ответственное отношение к интимным вопросам. Эта задача не из легких. Сексуальное влечение в подростковом возрасте сильнее, чем в любой другой период жизни, и нет никаких гарантий, что независимый подросток захочет контролировать его. Невозможно оградить молодежь от настроений вседозволенности, которые сегодня преобладают в нашем обществе. Телевидение приносит в святость нашего дома все аспекты сексуальных удовольствий, а подробности безнравственной и извращенной жизни становятся доступными в кинотеатрах и магазинах с видеофильмами. Совершенно очевидно, что в такой ситуации одиночное заточение ребенка не станет разумным решением.

Более того, существует опасность, что родители совершат ошибки в одном, пытаясь избежать опасности в другом. Пытаясь приучить ребенка к дисциплине в вопросах морали, им следует быть осмотрительными, чтобы не насадить в его сознание нездорового отношения, которое впоследствии помешает полноценной половой жизни в рамках будущего брака. Говоря на эту тему, нужно выполнить сложную задачу сочетания «прекрасного секса» с «сексом, который может быть опасным». И сделать это нужно на одном дыхании, а это не так-то просто.

Но как же добросовестным взрослым научить детей самоконтролю, не вызывая серьезного эмоционального раздражения или негативного отношения? Ниже мы обсудим аспекты полового воспитания, которые исключительно важны для выполнения этой тонкой и деликатной задачи.

КТО ДОЛЖЕН ГОВОРИТЬ С РЕБЕНКОМ О СЕКСЕ?

Задача формирования у детей здорового отношения и понимания секса требует соответствующей подготовки и такта. Родители часто сами осознают отсутствие этой подготовки. Однако те из них, кто может правильно справиться с информационным процессом, должны взять на себя эту задачу и выполнить ее дома. Существует усиливающаяся тенденция забрать из сферы влияния родителей все аспекты обучения (либо они сами намеренно отказываются от этой роли). Это неправильно.

Самый лучший подход к вопросу полового воспитания состоит в том, что нужно начать разговор на эту тему с ребенком как можно раньше и продолжать его в течение всего детства. Здесь родителям следует руководствоваться политикой открытости, честности и искренности. Только родители могут делать это на протяжении всей жизни ребенка.

Потребность подростка в информации и руководстве редко удовлетворяется в процессе публичного общения, проводимого нервничающим и смущенным учителем. Не помогут и другие альтернативы в виде формальных обучающих программ вне дома. Идеальным подходом может стать постепенное просвещение, которое начинается на третьем или четвертом году жизни и завершается незадолго до периода полового созревания ребенка. Несмотря на желательность полового воспитания в домашних условиях, следует признать, что для многих семей (а может, для большинства) нереально наличие хорошо подготовленных в этом плане родителей. Родители слишком часто сами зажаты в этом вопросе и потому не смогут уравновешенно и спокойно поговорить на эту тему, либо они сами не обладают необходимыми знаниями в области строения человеческого тела, например. Для таких семей, где родители не могут или не хотят учить своих детей подробностям воспроизводства людей, помощь следует искать вне дома.

Я глубоко убежден в том, что здесь должны помочь церкви, которые верят в добродетель воздержания до брака. Где еще мамы и папы найдут сторонников традиционной морали в наше время вседозволенности? Нет никаких других организаций или учреждений, которые могли бы представить богословие церкви лучше, чем представители самой церкви. Мне непонятно, почему так мало верующих людей, которые готовы взяться за выполнение этой задачи, учитывая сильные нападки на библейские концепции морали.

Очень немногие родители, чьи дети посещают воскресные школы при церквях, могут получить необходимую помощь в половом воспитании. Но даже там, однако, эту тему часто игнорируют или не разбираются в ней. В результате этого возник информационный вакуум, который подготовил благоприятные условия для далекоидущих негативных программ в средних школах, а иногда даже в детских садах.

Одна из проблем в половом воспитании в том его виде, в каком оно предстает в средней школе, заключается в том, что оно разрушает барьеры между полами, предполагает близкое знакомство полов и делает сексуальные эксперименты легкодоступными. Оно также лишает детей, и особенно девочек, их скромности, позволяя в откровенных ситуациях с одноклассниками приоткрывать особенности их анатомического сложения, физиологии и использования презервативов. И потом в один из вечеров, когда двое ребят встретились и посмотрели откровенный сексуальный фильм или распаляющую телевизионную программу, в которой подростки оказываются в одной постели, им остается сделать всего один маленький шаг, в то время как сто лет назад для отказа от потери девственности потребовались бы долгие размышления. Такая фамильярность с интимными вопросами объясняет ужасающий уровень изнасилований во время свиданий в Северной Америке. То, как осуществляется половое воспитание сегодня, хуже чем всякое отсутствие программ. Посмотрите, как вырос уровень подростковой беременности и абортов со времени легализации этих явлений.

Те папы и мамы, чьи дети сегодня учатся в средней школе, обязательно должны поинтересоваться, чему учат в школе в сфере полового воспитания. Вы имеете *право* исследовать учебный план и учебники. Вы можете и должны переговорить с учителями и директором о том, что они намерены передать вашим детям. Внимательно прочитайте между строк, чтобы вовремя увидеть скрытые приглашения примкнуть к лесбиянкам и гомосексуалистам, намеки на безопасный секс, допустимость и даже право на добрачный секс, как и любые предположения, противопоставляющие подростка его родителям. Выясните отношение к абортам и вероятность участия в половом воспитании таких организаций, как «Планирование семьи» и тому подобных.

Если вы обнаружите нечто подобное, я настоятельно рекомендую вывести вашего ребенка из такой программы. Посредством передачи руководства учителям, которые насмехаются и глумятся над принимаемой нами системой ценностей, эту систему можно быстро подорвать. Я не только запретил бы моим детям участвовать в такой программе, но и организовал бы родительские группы для разработки учебного плана в школе, пропагандирующего воздержание. И если бы ничего из этого не вышло, я бы взялся за смену руководства школы. Возможно, я сам бы поступил на одну из этих должностей.

ПОЧЕМУ ПРОГРАММЫ ВОЗДЕРЖАНИЯ ВСТРЕЧАЮТ ТАКОЕ СИЛЬНОЕ СОПРОТИВЛЕНИЕ?

Дело в том, что некоторые педагоги искренне считают, что «дети это дети» и потому нам нужно научить их правильно играть. Я не согласен с ними, но я уважаю тот факт, что они честно признают разницу в наших мнениях. Однако есть и другие организации, пропагандирующие планирование семьи и откровенно рекламирующие распущенность и аборты. Подобными обществами, как я думаю, движут другие мотивы. Для них дело не просто в интеллектуальных дебатах, касающихся детей и их интересов. Нет, главная тема здесь намного более взрывоопасна. У этих людей при одном упоминании слова «воздержание» повышается температура. Вы никогда не задумывались, почему?

Во время президентства Рейгана я служил в Группе экспертов по предотвращению подростковой беременности при секретаре Отисе Боуэне. Я согласился на эту должность, потому что был уверен, что мы сделаем все возможное для предотвращения подростковой беременности. Во время нашей первой встречи в Вашингтоне, однако, я выяснил, что пятнадцать из восемнадцати членов группы придерживались иного мнения. Это были гуру «безопасного секса», готовые потратить миллионы федеральных долларов на распространение презервативов и безнравственные советы в адрес наших подростков. Трудно передать, насколько пылкими были их речи. Со временем я стал понимать мотивацию этих людей, которые буквально кормились за счет безответственности подростков в этой области.

Ниже я представил описание этих людей в книге «Дети в опасности», которую написал в соавторстве с Гэри Бауэром.

Давайте разберемся с одним очевидным вопросом. Почему бюрократы, исследователи и организации по планированию семьи так упорно борются за сохранение подростковой распущенности? Почему они настроены против интимных отношений в контексте брака? Почему они распахнули настежь двери под названием «Добрачный секс» для целого поколения доверчивых подростков?

Их мотивацию понять нетрудно. Огромные средства направляются ежегодно в русло сексуальной подростковой безответственности. Дети, прыгающие в постель друг к другу, кормят целую индустрию довольных взрослых. Один только бизнес по аборту оценивается в шестьсот миллионов долларов ежегодно. Неужели вы думаете, что врачи, медсестры, медперсонал и бюрократы, живущие на средства, вырученные убийством нерожденных детей, захотят, чтобы подростки стали воздерживаться от интимной жизни до брака?

Что можно сказать о производителях презервативов и других противозачаточных средств? Неужели они согласятся отказаться от своей прибыли, способствуя повышению морального уровня среди молодежи? Сомневаюсь. Туда же относятся производители антибиотиков и других лекарственных препаратов, использующихся для лечения болезней, передающихся половым путем. Они тоже заинтересованы в усилении подростковой распущенности.

Однако в самой верхней части списка людей, которым выгодна подростковая безнравственность, находятся люди, которые на первый взгляд борются против нее. Это организации по планированию семьи и им подобные, которые просто исчезли бы с лица земли, если бы им реально удалось предотвратить случаи беременности среди подростков. В настоящее время для выполнения своей задачи они получают дотации, исчисляемые в сто шесть миллионов долларов, плюс дополнительно к ним около двухсот миллионов долларов дотаций из частных источников. Вы действительно *верите*, что они готовы зарезать курочку, которая несет им золотые яйца?

Вы представляете, сколько они потеряют рабочих мест, если дети перестанут играть в постельные игры друг с другом? Вот почему профессионалам, которые дают советы молодым людям относительно секса, так не нравится слово «воздержание». Если эта идея привьется в молодежной среде, кому нужны будут организации по планированию семьи? Поэтому они делают все, чтобы выжить.

Чтобы сполна осознать опасность, которую представляют собой организации по планированию семьи и им подобные, важно исследовать их философию и намерения. В чем состоит их программа? Чего хотят их лидеры? Что бы они сделали, если бы им предоставили полную свободу? Насколько я понимаю их программу действий, ее можно разложить на четыре пункта:

1. *Предоставление подросткам «свободы секса».* Ни в коем случае нельзя говорить о морали или какой-либо форме ответственности за интимную сферу жизни.

2. *Предоставление подросткам неограниченного количества презервативов*, их агрессивное распространение через медучреждения, расположенные на территории средних школ. Таким образом подросткам косвенно говорят об одобрении добрачного секса старшими.

3. *Удаление родителей из этой сферы жизни любыми способами.* Тогда штатные работники учреждений по планированию семьи возьмут на себя функции родителей и смогут передать подросткам философию свободы и вседозволенности.

4. *Обеспечение возможности абортов для забеременевших молодых женщин.* Здесь также подразумевается исключение участия и осведомленности родителей.

Трудно поверить, что американское и канадское общество, по всей видимости, пали жертвой этого возмутительного плана, который вызвал бы волну протеста у вчерашних родителей. Теперь представьте, как реагировал бы ваш отец или дедушка, если бы работник школы тайком выдавал вам, когда вы учились в школе, презервативы или организовал бы вам аборт. Все общество пришло бы в движение! Разъяренные родители могли растерзать подобных развратителей! А вот сегодняшние родители терпимо относятся к подобному вторжению, не смея даже пикнуть. Почему? Что случилось с духом защиты в наших семьях, этим стремлением к независимости, который помогал нам держаться вместе против внешнего мира? К сожалению, у меня нет ответа на этот вопрос.

КОГДА И ЧТО НУЖНО ГОВОРИТЬ

Позвольте мне дать совет папам и мамам, которые готовы воспитывать своих детей в соответствии с принципами добродетели. Я с уважением склоняюсь перед ними. Даже сегодня, в век всеобщего просвещения, тема секса заряжена эмоциями. Существуют некоторые мысли, которые нарушают покой матерей и отцов в большей степени, чем ответы на любые другие вопросы детей, в частности, относящиеся к сугубо личным сферам.

Это напряжение я увидел в матери девятилетнего Дейва после того, как семья переехала в новый район и мальчик пошел в новую школу. В первый же день Дейв вернулся из школы и задал маме прямой вопрос: «Мама, что такое секс?»

Вопрос застал маму врасплох. Она думала, что у нее есть впереди пара-тройка лет до того, как придется разбираться с этой темой, и потому она не была готова к разговору на эту тему. Ее смущенный разум пришел к выводу, что, должно быть, новая школа Дейва использует либеральную программу полового воспитания, и потому ей пришлось разбираться с этим вопросом. Она села за стол со своим любознательным сыном и в течение сорока пяти минут разглагольствовала о птичках, собачках, пчелках и кокосовых пальмах.

Когда она закончила свою речь, Дейв показал ей ученический билет и сказал: «Ну как же все это вместить в одну маленькую клеточку?»*

Как выяснила мама Дейва, существует тонкая грань в разных способах предоставления информации о сексе детям. Некоторые родители и чрезмерно рьяные учителя допускают распространенную ошибку в том, что рассказывают слишком много и слишком рано. Одна мама, например, написала мне письмо, в котором рассказала, что в местном детском саду детям показывали документальные фильмы с совокупляющимися животными. Это неразумно и опасно! Существуют доказательства, подтверждающие многочисленные неприятные случаи, происходящие в результате слишком большой торопливости в этом вопросе. Дети могут пережить сильный эмоциональный шок, если им предоставят возможность столкнуться с реальностью, к которой они пока не готовы.

Более того, неразумно предоставлять ребенку информацию, которая сделает его раньше времени искушенным в житейских делах. Если восьмилетним детям объяснить полное значение взрослой половой жизни, вряд ли они станут ждать десять или двенадцать лет для применения этих знаний в рамках брака.

Слишком ранние сведения об интимной жизни могут быть также опасны тем, что вызовут в ребенке перевозбуждение. Дети испытывают мучительные переживания оттого,

---

* Игра слов — в англ. языке «секс» также означает «пол». — *Прим. перев.*

что узнали о волнующем аспекте сексуальной жизни взрослых людей. Воспитание и образование детей должно быть сосредоточено на интересах детей, а не удовольствиях и желаниях взрослых. Тем самым я не хочу сказать, что половое воспитание следует оставить до времени окончания детства. Скорее было бы вполне разумно, чтобы объем получаемой подростками информации соответствовал их социальным и физическим запросам относительно этих сфер жизни.

Просьбы детей о предоставлении им информации являются лучшим показателем готовности к половому воспитанию. Их вопросы и рассуждения показывают, что думает об этом ребенок и что он хочет знать. Такие вопросы часто представляют собой естественное средство передачи информации. Родителям лучше ответить на эти вопросы в момент, когда заинтересованность ребенка налицо. Нельзя ни избегать, ни игнорировать их, надеясь разобраться с этой темой позже. Заранее запланированные учебные встречи часто бывают слишком долгими, односторонними разговорами, которые ставят слушателей в неловкое положение.

И хотя вопросно-ответный подход к половому воспитанию кажется самым удачным, его нельзя назвать адекватным в случае с детьми, которые никогда не задают вопросов. Некоторых детей глубоко интересуют подобные вопросы, в то время как другие об этом даже не задумываются. Если ребенок не интересуется этой темой и не задает вопросов о сексе, родители тем не менее не освобождаются от ответственности в этой области.

Наши дети были полной противоположностью друг другу в этом плане. Однажды, когда Данае было семь лет, она задала нам все нужные (и ненужные) вопросы, касающиеся этой сферы жизни. Она застала маму врасплох, поскольку та предполагала, что этими вопросами нужно будет заняться несколькими годами позже. Ширли попросила отсрочку и пришла ко мне за советом. Вскоре мы пригласили Данаю сесть за стол переговоров. Ширли приготовила горячий шоколад, и мы проговорили около часа. Все прошло очень гладко.

Райан, с другой стороны, вообще никогда не задавал вопросы о сексе. Мы добровольно иногда вставляли в информационный поток кусочки сведений на эту тему, когда нам казалось это удобным и правильным, но нам было трудно передать ему конкретную информацию на эту тему. Наконец, однажды я взял с собой сына на рыбалку. Когда мы уселись на берегу, ожидая клева, я сказал: «Мне кажется, Райан, что мы никогда не говорили с тобой о сексе… Ты знаешь, откуда появляются новорожденные и все такое. Может быть, нам стоит обсудить этот вопрос сейчас?»

Райан в течение нескольких минут сидел, погрузившись в мысли, ничего не говоря. Затем он спросил: «А если я ничего не хочу знать об этом?»

Я волоком затащил сына в мир сексуальности против его желания, но я все же сделал это. Такова родительская обязанность. Даже если эта работа дается вам нелегко, сделать ее надо. Если вы не выполните эту ответственную работу, ее сделает за вас кто-нибудь другой. Это может быть человек, не разделяющий вашу систему убеждений.

В связи с этим важно поделиться еще одной мыслью, касающейся времени полового воспитания дома. Родители должны запланировать завершение формальной информационной программы к тому времени, когда ребенок вступает в период полового созревания (это время быстрого полового развития в раннем подростковом возрасте). Период полового созревания начинается обычно между десятью и тринадцатью годами у девочек и одиннадцатью и четырнадцатью годами у мальчиков. Когда они вступают в этот период развития, они обычно чувствуют неловкость при обсуждении интимной темы с родителями. Обычно подростки в этот период не приветствуют вторжение родителей в эту сферу, *если только* сами не начинают обсуждение этих вопросов. Другими словами, есть определенный отрезок времени, когда дети должны впустить родителей в этот аспект своей жизни.

Я уверен, что нам следует уважать их волю. Нам даны двенадцать лет для того, чтобы привить им правильное понимание человеческой сексуальности. После создания такого фундамента, мы в основном служим в качестве источника информации, к которому ребенок может обратиться в случае необходимости.

Тем самым я *не говорю*, что родители могут сложить с себя всякую ответственность за руководство детьми в вопросах, связанных с сексом, свиданиями, браком и так далее тогда, когда возникает в этом потребность. И еще, исключительно важно проявлять такт по отношению к чувствам подростков. Если ваш подросток изъявляет желание поговорить, сделайте все возможное, чтобы этот разговор состоялся. В иных ситуациях родителям следует осуществлять свое руководство *косвенным* образом. Очень часто твердый лед, который неспособны разбить родители, могут растопить профессионалы, молодежные служители в церкви, психологи, которым вы доверяете.

Я могу также предложить организовать подписку для ваших детей на журналы, газеты или приобретение книг, в которых печатаются христианские советы с позиции друга, а не авторитетной фигуры.

ПОМОЩЬ СО СТОРОНЫ МАТУШКИ-ПРИРОДЫ

После 1970 года, времени написания первого издания «Не бойтесь быть строгими», я радикально изменил свои взгляды в одном пункте. Теперь я не рекомендую использовать пример животных, особенно кошек и собак, для объяснения репродуктивной функции живого мира детям. Я *по-прежнему* думаю, что показ процесса рождения животных полезен и нужен, но теперь я лучше информирован о том, что количество домашних животных превышает нашу способность обеспечить им надлежащий уход, в результате чего бедные животные испытывают мучения, оставшись без дома. Только в округе Лос-Анджелеса каждый год в приютах для бездомных животных и гуманитарных обществах убивают более ста тысяч собак. Другие домашние животные бродят и страдают от голода или погибают на улицах наших городов. Их страдания лежат на нашей совести!

Последние две собаки в нашей семье были взяты из приютов и позже превратились в любимцев всей семьи. Маленький Митци, наша собака на данный момент, буквально умирала в тот момент, когда мы забрали ее из приюта. Но поскольку я очень люблю собак, должен признаться, что мне было очень трудно выбирать из такого огромного количества. В пластиковых клетках находились сотни жалких собак и кошек, нуждавшихся в заботе и любви. Многим пришлось пережить серьезные мучения, поскольку они были либо утеряны, либо брошены своими прежними хозяевами.

Мы шли по проходу между клеток, собаки лаяли и кидались на прутья решетки, чтобы привлечь к себе мое внимание. Даная просунула руку сквозь прутья решетки, чтобы приласкать одинокого песика, который сразу же прижался к ее руке головой и закрыл глаза. Я уверен, что он не прожил даже недели. Мне никогда не забыть огромного коричневого пса с хриплым голосом, который смотрел на нас, когда мы проходили мимо. Он смотрел пристально, но казалось, что он нас не видит. Даже когда мы встали напротив его клетки, он продолжал пристально смотреть на закрытую дверцу. Время от времени он издавал короткий лай, звучавший как вопросительный знак. Затем Даная прочитала табличку на клетке, где было написано, как он попал в приют. Собаку привели его бывшие владельцы, и он сосредоточенно ожидал их возвращения. Совершенно очевидно, мы его совсем не интересовали.

Думаю, вы понимаете, почему мы с Данаей искали пса, которому более всех нужна была наша любовь и забота. Здоровых и жизнерадостных кошек и собак, скорее всего, приютят другие люди. Мы же хотели взять домой собаку, у которой меньше всего шансов обрести новых хозяев. Наконец Даная позвонила мне в субботу днем и сказала, что нашла подходящего кандидата.

Я подошел к его клетке и сразу согласился с выбором дочери. Там, в дальнем углу клетки свернулся в клубок трехмесячный щенок. Он находился в ужасном состоянии. Он был истощен до крайней степени, поскольку его подобрали на улице всего за несколько дней до того. Его челюсть была сломана, возможно, в результате сильного пинка, а на губе виднелись три шва. Позже мы выяснили, что у него было воспаление легких, два вида глистов и многие другие проблемы. Он задрожал, когда мы приблизились к клетке, но не поднялся.

Я попросил работника приюта открыть дверцу и передать мне щенка. Дружба между нами возникла в то же мгновение. Щенок уткнулся в мою ладонь и посмотрел на меня, словно хотел сказать: «Я попал в жуткую переделку, правда?» Наши сердца мгновенно привязались к этому созданию.

Мы отошли в сторонку, чтобы обсудить ситуацию, но я никак не мог забыть нежное прикосновение этого беспомощного создания. Даная вернулась и забрала собаку.

Жаль, что вы не можете видеть нашего Митци сегодня. Это упитанный, здоровый и несомненно счастливый пес. Когда я вечером возвращаюсь домой, он огромными скачками бросается к двери. Такое впечатление, будто он знает, что мы спасли его от неминуемой смерти. И как ни удивительно, если бы не слегка перекошенный рот, он бы выглядел точной копией нашего прежнего пса. Теперь наше гнездо не кажется нам с Ширли опустевшим.

Простите меня за это отступление от темы, но оно полностью соответствует моим прежним рекомендациям о том, что животные смогут помочь нам в демонстрации детям чуда воспроизводства и рождения. Далее я рекомендую родителям стерилизовать своих питомцев для того, чтобы избежать рождения лишних животных. Если же вы хотите продолжать плодить котят и щенят, убедитесь прежде, что сумеете обеспечить их хорошим домом и заботой.

Если вы хотите подружиться и приютить дома кошку или собаку из приюта, сделайте это. Ни вы, ни ваши дети никогда не забудут этого поступка.

(Надеюсь, что все любители животных простили меня за то, что я писал о воспроизводстве животных более двух десятков лет назад в первом издании книги «Не бойтесь быть строгими».)

ЗАКЛЮЧЕНИЕ

В первых главах этой книги мы обсудили важность уважения к родителям со стороны детей. Правильное отношение ребенка к лидерской позиции необходимо для того, чтобы он принял ценности родителей и их философию, включая концепцию добрачного секса. Таким же образом самый фундаментальный элемент в обучении морали закладывается через здоровые отношения между родителями и детьми в ранние годы. Тогда можно надеяться, что подросток будет уважать и ценить своих родителей в достаточной степени, чтобы верить их словам и принимать их рекомендации.

К сожалению, однако, такая лояльность по отношению к родителям является недостаточным источником мотивации. Я твердо убежден в том, что детей обязательно нужно учить верности Богу. Мы ясно и четко должны дать понять, что милостивый Бог любви, Которому мы служим, является также Богом справедливости. Если мы отвергнем Его моральные заповеди, нам придется пострадать от конкретных последствий. Божьи моральные требования также непоколебимы, как и установленные Им физические законы. Люди, не подчиняющиеся Его физическим законам, не смогут выжить. Точно так же осознанное нарушение Божьих заповедей в равной степени приведет к катастрофе, ибо «возмездие за грех смерть». Подросток, понимающий эту истину, скорее всего, захочет жить чистой жизнью даже среди развращенного общества.

Думаю, стоит поделиться еще одной мыслью. Много лет назад в день десятилетия моей дочери мы с Ширли подарили ей маленький золотой ключик. Он был прикреплен к золотой цепочке и олицетворял ключ к ее сердцу. В течение последующих лет она хранила обещание подарить этот ключик только одному единственному мужчине, тому, кто разделит с ней любовь на всю оставшуюся жизнь. Вы можете сделать своей дочери такой же подарок, а своему сыну подарить особенное кольцо. Они будут при них всегда, даже когда вас рядом не будет, и станут осязаемым напоминанием будущей и драгоценной радости в интимной жизни, которую Бог приготовил для Своих детей.

ВОПРОСЫ И ОТВЕТЫ

В. *Ваши комментарии относительно болезней, передаваемых половым путем, сильно меня встревожили. У меня в семье три подростка, и я боюсь, что они не понимают, ка-*

ким образом могут передаваться болезни и какой вред они могут причинить человеческому организму. Это тема меня пугает.

О. Как и вы, я часто задумываюсь над вопросом о том, что может разбудить молодых людей. Я разговаривал с доктором Эверетом Купом, главным врачом США в восьмидесятые годы. Тогда он сказал следующее: «Эпидемия СПИДа скоро изменит поведение всех людей. Когда рядом с нами начнут умирать инфицированные молодые люди, остальные будут бояться даже целоваться друг с другом».

Пока этот прогноз не оправдался, хотя молодые люди рядом с нами умирают от этой эпидемии, как и предсказывал доктор Куп. Следующая статья, написанная журналисткой Ким Пейнтер, была напечатана 13 апреля 1992 года в «USA Today»:

Рост СПИДа среди подростков.

За последние два года случаи заболевания СПИДом среди подростков и молодых людей выросли на семьдесят семь процентов.

Девять тысяч случаев заболеваний среди молодых людей от тринадцати до двадцати четырех лет представляют собой только верхушку огромного айсберга. Тысячи других, скорее всего, уже заражены ВИЧ-инфекцией, над миллионами нависла опасность заражения, как говорится в сообщении Комитета палаты представителей в США по вопросу детей и семьи.

В докладе говорится также о том, что меры предотвращения этой беды со стороны федерального правительства неадекватны. В нем приводятся свидетельства того, что подростки подвержены риску заражения через секс и употребление наркотиков:

♦ Шестьдесят восемь процентов девочек и восемьдесят шесть процентов мальчиков вступили в половую связь до двадцати лет; менее половины из них используют презервативы.

- Три миллиона подростков ежегодно заражаются болезнями, передаваемыми половым путем.
- Почти три процента старшеклассников используют стероиды; одна треть процента — героин. Общие шприцы способствуют распространению ВИЧ-инфекции.

Но почему же подростки не боятся целоваться друг с другом, как предсказывал доктор Куп? Потому что естественный страх перед смертельной ВИЧ-инфекцией был приглушен чепухой о безопасном сексе. Похоже, мы теперь пожинаем то, что когда-то посеяли.

Слава Богу за тех немногих врачей, которые бьют тревогу и пытаются донести эти страшные цифры до наших детей. Им не прорваться к средствам массовой информации, но наступит день, когда справедливость восторжествует. Одним из самых преданных своему делу врачей является мой друг, доктор Джо Макилхани, акушер-гинеколог с частной практикой в городе Остин, штат Техас. Его книгу о сексуальности и болезнях, передающихся половым путем, следует прочитать каждому родителю и подростку. Он часто бывает гостем в программах, организованных нашим служением «В фокусе семья», где рассказывает об обманчивой безопасности «безопасного секса». Вот что он сказал в одной из недавних передач:

> Вся информация из средств массовой информации сводится к тому, что собирается сделать наука для людей, которые заражены венерическими болезнями. Вы также услышите, как наука собирается лечить людей, зараженных СПИДом, какие антибиотики убивают вирусы гонореи и хламидий. Однако вы никогда не узнаете, что венерические заболевания оставляют на всю жизнь уродливые шрамы на тазобедренных частях тела жен-

щин, которые остаются бесплодными, или что им придется согласиться на дорогостоящие операции, чтобы впоследствии родить ребенка.

За двадцать два года практики я столкнулся с огромным количеством молодых, еще не рожавших пациенток, которым мне пришлось сделать операцию по удалению матки из-за воспалительных процессов в области таза, возникших в результате хламидиоза и гонореи.

Публичные заявления о безопасном сексе вызывают во мне бурю негодования, потому что, согласно этим утверждениям, люди могут безнаказанно заниматься сексом вне брака с использованием презервативов, и тогда им не нужно будет бояться заражения венерическими заболеваниями. Но это откровенная ложь. Уровень несостоятельности презервативов исключительно высок, именно поэтому женатые люди их не используют.

Каждый день я вижу жертв этого обмана в своем кабинете. Ко мне приходят люди, зараженные хламидиозом, возможно, самой распространенной болезнью, передающейся половым путем, и вирусом папилломы, который вызывает сильнейшее раздражение в женских половых органах, а также рак вульвы и шейки матки. Эти болезни исключительно трудно поддаются лечению и убивают более четырех тысяч восьмисот женщин в год. Я также вижу жертв герпеса. Согласно некоторым исследованиям этой болезнью заражены до тридцати–сорока процентов одиноких, но сексуально активных людей. У меня постоянно бывают больные сифилисом, эпидемия которого насчитывает более сорока лет.

Доктор Макилхани не ждет, что наука разрешит эти проблемы. Он говорит о более вероятном разрешении, которое сводится к возврату к духовным и моральным ценностям, которыми благочестивые люди руководствовались в течение тысяч лет.

В заключение доктор Макилхани сказал: «Люди, сделавшие мой автомобиль, прекрасно знают, как он работает и что мне нужно сделать, чтобы избежать серьезных поломок и проблем. Они вручили мне руководство по эксплуатации „форда". Точно так же Бог знает, как мы можем функционировать наилучшим образом, и для этого Он дал нам „руководство по жизни" для человечества — Библию. В ней Он запрещает всякие половые контакты до брака и интимные отношения с кем бы то ни было, кроме того, с кем мы вступили в брак. Он заповедал нам оставаться в том же браке до конца нашей жизни. Это единственная гарантия безопасного секса для нас».

В. *Может ли ребенок «решать сам» вопросы, связанные с Богом? Не прибегаем ли мы к принуждению, когда говорим ребенку, во что ему следует верить?*

О. Позвольте для ответа привести в пример природу. Маленький утенок обладает определенной характеристикой, которая иллюстрирует наш конкретный случай. Вскоре после того как он вылупился из яйца, он «прилепляется» к первому же объекту, который видит рядом. С этого момента и далее утенок следует за избранным им объектом повсюду, куда бы тот ни двинулся. В норме ему следовало бы привязаться к матери-утке, которая вывела это новое поколение утят.

Однако если утки в момент появления птенца рядом не будет, утенок привязывается к любому движущемуся предмету, будь то живой или неживой объект. Установлено, что утенок легче всего привязывается к футбольной камере голубого цвета, которую водят на веревочке. Неделю спустя утенок следует позади камеры везде, куда бы она ни отправилась.

Дисциплина в области морали

В этом процессе исключительно важным фактором является время. Утенок может привязаться к тому или иному объекту буквально в течение первых секунд после появления из яйца. Если упустить момент, этот шанс уже не вернуть. Другими словами, в жизни утенка есть краткий, но очень важный период, когда можно начать процесс его обучения и воспитания.

В жизни ребенка тоже есть определенные периоды, когда процесс обучения тем или иным понятиям происходит легче всего. И хотя у людей инстинктов нет (есть только влечение, рефлексы, побуждения и т. д.), в жизни ребенка есть краткий период, когда он особенно восприимчив к религиозному воспитанию. В этот период формируются концепции правильного и неправильного и начинает утверждаться отношение к Богу.

Как и в случае с утенком, этой возможностью следует воспользоваться, пока не поздно. Часто цитируют лидеров католической церкви, которые утверждают следующее: «Дайте нам ребенка до семи лет, и он останется у нас навсегда». В общем они правы, потому что основополагающее отношение к основным жизненным понятиям можно воспитать в ребенке именно в уязвимые первые семь лет жизни.

К сожалению, однако, также возможен и противоположный исход. Отсутствие духовного воспитания или неправильный подход к этому аспекту в первые годы жизни ребенка могут серьезно ограничить степень его верности Богу впоследствии. Когда родители не занимаются духовным образованием маленького ребенка, позволяя ему «самому решать» этот вопрос, он, превратившись во взрослого человека, почти гарантированно примет негативное решение. Если родители хотят, чтобы их дети обрели осознанную веру, им следует отказаться от всяких попыток сохранить беспристрастность в этом вопросе. Дети будут внимательно слушать, пытаясь понять, действительно ли их родители верят в то, что проповедуют. Любая нерешительность или этическая некорректность отразится в их детях в несколько раз сильнее.

После среднего подросткового возраста (который заканчивается примерно в пятнадцать лет) дети будут противиться любым попыткам давления в области вероисповедания. Им не нужна религия по принуждению, и потому им нужно будет предоставить больше свободы в выборе убеждений. Если воспитание в более раннем возрасте было правильным, у детей будет внутренний стержень, который поможет им утвердиться в вере. Таким образом, раннее внушение духовных идей станет ключом к духовным ценностям, которые они возьмут с собой во взрослую жизнь.

В. *Моя младшая дочь недавно заявила, что она два месяца как беременна. Как мне теперь к ней относиться?*

О. Вы не сможете повернуть время вспять и изменить обстоятельства жестким или суровым к ней отношением. Вашей дочери нужно много больше понимания, чем раньше, и вам нужно по мере возможности дать ей это. Помогите ей пережить трудности и постарайтесь воздержаться от комментариев типа «я же тебе говорила». В предстоящие месяцы ей придется принять много важных решений, и потому на этом этапе ей особенно нужны спокойные, собранные родители, которые помогут избрать наилучший выход из создавшейся ситуации. Помните, неизменная любовь и забота часто возникают между людьми, которые вместе пережили кризисные обстоятельства.

В. *Когда в детях начинается формирование сексуальной природы? Происходит ли это внезапно во время периода полового созревания?*

О. Нет, это происходит задолго до этого периода. Возможно, самое важное понимание в этом вопросе дал нам Фрейд, который установил, что дети рождаются с осознанием принадлежности к тому или иному полу. Он утверждал, что сексуальное удовлетворение начинается еще в колыбельке и сначала ассоциируется с кормлением. Поведение ребенка в детстве в значительной мере продиктовано сексуальным любопытством и интересом, хотя счастливые гормоны еще не властвуют в ребенке до наступления раннего подросткового возраста. Таким образом, вполне вероятны случаи, когда четырехлетний ребенок интересуется обнаженным телом и разницей в строении половых органов у мальчиков и девочек.

В это важное время формируется отношение детей к полу. Родителям следует быть очень внимательными и не демонстрировать удивление или крайнюю степень неодобрения такого рода любознательности детей. Специалисты считают, что многие сексуальные проблемы возникают в результате неправильного воспитания именно в ранние детские годы.

В. *Во многих колледжах и университетах практикуются совместные общежития, где мужские и женские комнаты часто расположены рядом друг с другом. Иногда практикуется неограниченное время посещения лицами противоположного пола. Как вы думаете, не способствует ли это развитию более здорового отношения полов?*

О. Конечно, такое положение вещей действительно способствует возникновению большего любопытства к лицам противоположного пола, и многие люди считают, что это хорошо. Сторонники совместного проживания пытаются убедить нас в том, что молодые люди могут жить вместе, не делая того, что возникает как естественное следствие совместного проживания. Но это чушь. Половое влечение — сильнейшее из всех чувств в человеческой природе, и молодому студенту весьма сложно подавить его в себе. Хотелось бы, чтобы сторонники совместного проживания признали, что они не считают вопросы морали достаточно важными. Если мы ценим воздержание, тогда нам следует дать этому убеждению хоть какой-то шанс выжить. Совместное проживание в общежитиях с соседями противоположного пола вряд ли поведет нас в нужном направлении.

В. *Вы несколько раз говорили о том, что общество сильно настолько, насколько сильна ячейка общества — семья. Точнее, вы говорили, что сексуальное поведение напрямую связано с выживанием нации. Объясните, почему.*

О. На эту тему можно написать целую книгу, но позвольте мне ответить на этот вопрос кратко. Эта связь, о которой вы говорите, впервые была упомянута доктором Дж. Д. Анвином, британским социологом и антропологом, который посвятил несколько лет изучению возникновения и гибели восьмидесяти цивилизаций. На основании тщательных исследований он пришел к выводу, что все известные цивилизации в истории мира следовали одной и той же модели сексуальных отношений. В первый период существования цивилизации интимные отношения до и вне брака были строго запрещены. Огромный поток творческой энергии ассоциировался с ограничением сексуального выражения и способствовал процветанию культуры. Позже люди начинали выступать против строгих ограничений, требуя свободы для высвобождения внутренних страстей. По мере снижения нравственных норм социальная энергия тоже понижалась, со временем приводя к упадку и разрушению всю цивилизацию.

Доктор Анвин утверждает, что энергия, держащая все человеческое общество в единстве, по природе своей сексуальна. Когда мужчина верен только своей жене и семье, его движущей мотивацией является желание строить, хранить, защищать, планировать и процветать ради них. Но когда его сексуальные интересы распыляются и обобщаются, все его усилия направлены на удовлетворение чувственных желаний. Доктор Анвин приходит к такому заключению: «Любое человеческое общество принимает решение либо направить огромную энергию в нужное русло, либо наслаждаться сексуальной свободой. Само собой разумеется, люди не в состоянии выбрать для себя оба направления на период более одного поколения».

Я совершенно уверен, что ослабление финансовой позиции Америки в мире и сложности, которые переживают семьи и дети, можно объяснить нашим отступлением от традиционных библейских ценностей и концепций морали.

В. *Как вы думаете, не следует ли в государственных школах преподавать духовные дисциплины?*

О. Не в виде конкретных догм или доктрин. Право родителей на выбор религиозной ориентации для своих детей следует защищать, и ни учителя, ни администрация школы не имеют права выступать против того, чему ребенка учат дома. С другой стороны, огромное большинство американцев исповедуют свою веру в Бога. Мне бы хотелось, чтобы этот безымянный Бог признавался в классах школы. Решение Верховного суда, запрещающее школьные молитвы (и даже молчаливую молитву), является исключительной мерой, и я сожалею о принятии этого решения. Мизерное количество детей из атеистических семей можно было бы легко защитить во время молитвенного времени.

В. *Вы говорите о сострадании к животным. В связи с этим я хочу просить у вас совета относительно моего семилетнего сына, который проявляет к животным особую жестокость. Мы застали его за тем, что он мучил соседских кошек и собак. Конечно, мы его наказали, но меня интересует, а нет ли здесь чего-то еще, что должно было бы нас встревожить?*

О. Я бы сказал, что жестокость по отношению к животным является серьезным симптомом, с которым нужно разобраться профессионалу. Такие дети обычно делают это вовсе не случайно. Подобные ситуации следует воспринимать как вероятный признак возможного психического отклонения, которое может приобрести постоянный характер. Он также мог возникнуть в результате сексуального насилия, пережитого ребенком. Не хочу тревожить вас или преувеличить опасность, но преступники и насильники, как правило, в детстве проявляли жестокость по отношению к животным. Этот факт подтвержден в недавнем исследовании, проведенном Американской гуманитарной ассоциацией.

Я предлагаю обследовать вашего сына у психолога, который сможет дать оценку его психическому здоровью. Во всяком случае, не относитесь терпимо к жестокости к животным.

В. *Можно ли назвать СПИД наказанием Божьим за гомосексуализм и другие половые извращения?*

О. Не думаю, потому что от этой напасти страдают маленькие дети и другие люди, не вовлеченные в подобный разврат. Но подумайте вот о чем: если я приму решение прыгнуть с десятого этажа, то погибну в тот самый момент, когда мое тело соприкоснется с землей. Это неизбежно. Однако Бог изобрел силу притяжения не для того, чтобы наказать мою глупость. Он установил физические законы, которые можно нарушить только ценой огромного риска для жизни. То же самое можно сказать о нравственных законах. Они так же реальны и предсказуемы, как и принципы, которые управляют физической вселенной. Таким образом, мы прекрасно осознавали (и Он, *естественно*, знал это тоже), что с началом сексуальной революции в 1968 году начнется также время расцвета болезней и беспорядочных половых связей. Все это уже наступило, и наша реакция на эту ситуацию определит, насколько мы и наши дети пострадаем в будущем.

Кстати, вы знаете о том, что Бог создал моральные основы вселенной еще *прежде*, чем небеса и земную твердь? Его концепции истинности и ложности не были запоздалым откровением, которое пришло Богу на ум во время объявления народу Десяти заповедей. Нет, это было выражение Божьей истинной природы и стало действовать еще прежде, чем возникло «вначале».

Поэтому мы читаем в Притчах (8:22–36), где написано о мудрости как олицетворении морального закона от первого лица:

> Господь имел меня началом пути Своего, прежде созданий Своих, искони; от века я помазана, от начала, прежде бытия земли. Я родилась, когда еще не существовали бездны, когда еще не было источников, обильных водою. Я родилась прежде, нежели водружены были горы, прежде холмов, когда еще Он не сотворил ни земли, ни полей, ни начальных пылинок вселенной. Когда Он уготовлял небеса, я была там. Когда Он проводил круговую черту по лицу бездны, когда утверждал вверху облака, когда укреплял источники бездны, когда давал морю устав, чтобы воды не переступали пределов его,

когда полагал основания земли: тогда я была при Нем художницею, и была радостью всякий день, веселясь пред лицем Его во все время, веселясь на земном кругу Его, и радость моя была с сынами человеческими. Итак, дети, послушайте меня; и блаженны те, которые хранят пути мои! Послушайте наставления и будьте мудры, и не отступайте от него. Блажен человек, который слушает меня, бодрствуя каждый день у ворот моих и стоя на страже у дверей моих! Потому что, кто нашел меня, тот нашел жизнь, и получит благодать от Господа; а согрешающий против меня наносит вред душе своей: все ненавидящие меня любят смерть.

В последних двух стихах сказано все. Если мы согласуем свое поведение с Божьими древними нравственными принципами, мы обретем все удивительные преимущества, заключенные в самой жизни. Но если мы отвергнем Его ясные наставления, тогда неизбежным следствием такого решения будет смерть. СПИД — это лишь дорога, по которой болезни и смерть идут к людям, играющим с Божьими моральными законами в русскую рулетку.

ГЛАВА 11

Слово к мамам

Как было сказано в предыдущих главах, ответственность за воспитание детей иногда становится слишком тяжким бременем. Дети предъявляют очень высокие требования к своим наставникам, как однажды мой коллега убедился сам, когда прощался со своей трехлетней дочерью.

«Мне нужно идти на работу», — сказал он.

«Ничего, папа, я тебя прощаю», — сказала со слезами на глазах девочка. Она один раз решила простить эту обиду, однако не желала, чтобы папа повторил эту ошибку снова. Этот пример показывает, что дети во многом зависят от своих родителей, и удовлетворение их нужд становится нашей главной обязанностью.

Некоторые дети вполне осознают столкновение сил между родителями и детьми. Этот факт множество раз упоминался в первом издании книги «Не бойтесь быть строгими». Некоторые дети, еще не умеющие читать, понимали, что в этой книге есть нечто, что помогает родителям их воспитывать. Один из таких проницательных детишек подошел к книжной полке, из многих книг выбрал именно эту и бросил ее в камин. Другие еще яснее показывали свои чувства по отношению к данной книге.

Мама одной упрямой трехлетней девочки рассказала мне историю, которая вызвала у меня невольную улыбку. Девочка по имени Лора заставляла одним мизинцем левой руки плясать вокруг себя всю семью. Родители никак не могли найти на нее управу, и ей это очень нравилось. Но мама с папой отчаянно старались найти методы воздействия на маленький и сердитый вулкан. Однажды мама зашла в книжный магазин и наткнулась на книгу «Не бойтесь быть строгими». Она купила ее и прочитала, что по мнению автора иногда можно пошлепать непослушного ребенка. Поэтому когда в следующий раз Лора устроила очередной скандал, она, к своему великому удивлению, получила шлепок по мягкому месту.

Лора была исключительно сообразительным ребенком и быстро вычислила, откуда мама позаимствовала идею о наказании. Хотите верьте, хотите нет, но на следующее утро после этого события мама нашла книгу «Не бойтесь быть строгими» плавающей в унитазе.

Это, пожалуй, самый яркий комментарий к ценности моей книги из всех, когда-либо слышанных мной. Я знаю, что миллионы детей очень любят доктора Бенджамина Спока, поскольку их воспитывали в соответствии с его философией. У меня, с другой стороны, есть целое поколение детишек, у которых накопилось ко мне много претензий. Но я также убежден, что есть молодые люди, выросшие в обстановке сбалансированной любви и дисциплины, которые теперь воспитывают *своих* детей в соответствии с теми же принципами. Сегодня эти принципы так же действенны, как и в то время, когда они сами были малышами. Есть вещи, истинность которых непреходяща.

Но даже когда все понятно, воспитание детей все равно остается трудной задачей. Часто бывает, что мамы в особенной степени чувствуют тяжесть возложенного на их плечи бремени по воспитанию ребенка. Во многих домах в основном именно мама защищает их здоровье, воспитывает, развивает интеллект, формирует личность, характер и эмоциональную стабильность. Но она в то же время исполняет роль врача, сиделки, психолога, учителя, утешителя, повара и стража порядка. Поскольку чаще всего она находится с детьми дольше, чем муж, она является главным воспитателем и основным источником любви и заботы.

Реальность такова, что ни она, ни муж не знают, насколько правильно она выполняет поставленные перед ними задачи, пока принятые ею методы слишком поздно менять. Более того, ответственность мамы распространяется далеко за пределы воспитания детей. Она также должна выполнить свои обязательства по отношению к мужу, церкви, родственникам, друзьям и часто работодателям. Во всех областях от нее требуется полная отдача, и ответственная мама разрывается между своими обязанностями в безуспешной попытке угодить всем вокруг.

Большинству здоровых людей удается выдержать это напряжение, пока каждая обязанность находится более или менее под контролем. Упорный труд и старание вознаграждаются, если только чувство обеспокоенности и отчаяния удается сохранить на минимальном уровне. Но если в одной из областей возникает угрожающее положение, появляется необходимость в большем объеме самоконтроля.

Однако если ребенок заболевает, если возникает конфликт в семейных отношениях, или мама сталкивается с какой-то другой проблемой, тогда остальные задачи тоже становятся трудновыполнимыми. Конечно, в жизни каждой женщины наступает день, когда она смотрит на себя в зеркало и спрашивает: «Как мне справиться со всем этим грузом проблем?» Простые советы в конце этой книги помогут женщинам ответить на эти действительно трудные вопросы.

1. *Выделите какое-то время для себя.* Очень важно самой занятой маме найти для себя место в списке приоритетов.

Хотя бы один раз в неделю ей следует отправиться поиграть в теннис, посетить боулинг или прогуляться по магазинам. Может, ей стоит заглянуть в тренажерный зал или просто провести день так, как ей захочется. Невозможно и очень вредно для здоровья работать безостановочно. От ее периодического отдыха выиграет вся семья.

Не менее важно лелеять и сохранять романтические чувства в браке. Муж с женой должны назначать друг другу свидания раз в неделю или в две недели, оставляя детей дома и на один вечер забывая об обычных проблемах. Если семейный бюджет не позволяет активный и расточительный отдых, я предлагаю пересмотреть другие статьи расхода. Я убежден, что деньги, потраченные на совместное времяпровождение, принесут намного больше пользы, чем дополнительная мебель или новый автомобиль. Женщине жизнь покажется намного более счастливой, если она знает, что она не просто жена, а любимая женщина своего мужа.

2. *Не ложитесь костьми там, где вы ничего изменить не можете.* Первый принцип психического здоровья сводится к умению принять неизбежное. Иначе никакая нервная система не выдержит. Многие люди теряют самообладание из-за незначительных раздражителей, на которые просто не нужно обращать внимания. В подобных случаях чувство удовлетворения жизнью будет равняться самому слабому звену в цепи обстоятельств, которые происходят в вашей жизни. В жизни женщины все может быть хорошо, кроме одного. Она может быть здоровой женщиной, муж у нее преданный, счастливые дети, в семье достаток, дома тепло и уютно и вообще все хорошо. Но эта же женщина может быть самым несчастным человеком на свете, потому что она не любит свою свекровь. Один негативный компонент в ее жизни затмевает и отравляет все счастье, которым наполнена ее жизнь.

В жизни достаточно проблем без нашего преувеличения имеющихся недостатков в счастливые периоды жизни. Но слишком часто благоразумие человека отступает перед лицом незначительных невзгод. Интересно, сколько женщин сегодня недовольны тем, что они не имеют того, что всего пятьдесят лет назад еще не было изобретено или было просто немодно? Людям следует признать, что недовольство жизнью может быть просто дурной привычкой, но эта привычка может обойтись им очень дорого, поскольку она лишает их истинных радостей жизни.

3. *Не пытайтесь разрешить серьезные проблемы поздно ночью.* Усталость делает с восприимчивостью человека удивительные вещи. После тяжелого дня самые простые задачи кажутся неподъемными. Все проблемы ночью выглядят неразрешимыми, а уже принятые решения кажутся построенными на эмоциях, а не на разуме. Когда супруги обсуждают вечерними часами финансовые или другие семейные проблемы, они приглашают в дом беду. Пороговая величина впадения в отчаяние очень низкая, и подобные ситуации приводят к ссорам, которые в других условиях никогда бы не произошли. Можно избежать напряжений и враждебности, отложив обсуждение важных вопросов на утро. Хороший ночной сон и чашка крепкого кофе могут существенно рассеять многие проблемы.

4. *Составьте список дел.* Когда объем проблем становится особенно большим, вы найдете утешение в составлении списка дел, которые вам нужно переделать. Я бы выделил три преимущества составления списка. (1) Вы знаете, что ничего не упустите. (2) Вы уверены, что самые важные дела будут выполнены в первую очередь. Таким образом, если вы не справитесь со всеми делами к концу дня, вы хотя бы сделаете самое необходимое. (3) Вы сможете вычеркнуть из списка сделанные дела.

5. Ищите Божьей помощи. Концепции брака и родительской опеки не были изобретены людьми. Бог в Своей бесконечной мудрости создал и предопределил семью в качестве средства произведения потомства на земле и партнерских отношений. Разрешение проблем современных родителей можно найти в молитве и личном обращении к Создателю. Я действительно считаю, что родители должны *ежедневно* молиться и обращаться к Богу с прошением о детях. На нас возложена слишком сложная задача, и сами мы с ней не справимся. В книгах вы не найдете достаточно знаний (включая эту книгу), которые бы гарантировали успех родителей. Мы отчаянно нуждаемся в Божьей помощи для достижения успехов в нашей работе.

Принципы дисциплины, о которых я говорил в этой книге, вряд ли можно назвать новыми идеями. Большая их часть была написана в Библии почти за две тысячи лет до новозаветного времени. Обратите внимание на ясность, с которой следующие библейские строки говорят о здоровом отношении родителей к детям и наоборот.

> [Муж должен] хорошо управлять домом своим, детей содержать в послушании со всякою честностью; ибо, кто не умеет управлять собственным домом, тот будет ли пещись о Церкви Божией? (1 Тим. 3:4,5).

В этом отрывке сказано, что детей надо «содержать» в послушании. Послушание не является побочным продуктом человеческой природы, но неразрывно связано с родительским контролем и дисциплиной.

> [Вы] забыли утешение, которое предлагается вам, как сынам: сын мой! не пренебрегай наказания Господня, и не унывай, когда Он обличает тебя. Ибо Господь, кого

любит, того наказывает; бьет же всякого сына, которого принимает. Если вы терпите наказание, то Бог поступает с вами, как с сынами. Ибо есть ли какой сын, которого бы не наказывал отец? Если же остаетесь без наказания, которое всем обще, то вы незаконные дети, а не сыны. Притом, если мы, будучи наказываемы плотскими родителями нашими, боялись их, то не гораздо ли более должны покориться Отцу духов, чтобы жить? *(Обратите внимание, взаимосвязь между дисциплиной и уважением признавалась более двух тысяч лет назад.)* Всякое наказание в настоящее время кажется не радостью, а печалью; но после наученным через него доставляет мирный плод праведности (Евр. 12:5-9,11).

Цель этих отрывков заключается в разъяснении того, что родители в своих взаимоотношениях с детьми должны следовать модели взаимоотношений Бога с человеком. В своей несравненной красоте эти взаимные отношения характеризуются неизбывной любовью, ни с чем не сравнимой по своей нежности и милости. Такая же любовь руководит благочестивым отцом, когда он воспитывает, корректирует и даже причиняет немного боли своему ребенку, если это необходимо ради его же блага. Мне трудно понять, почему это ясное послание понималось превратно на протяжении последних двадцати лет.

Дети, повинуйтесь своим родителям в Господе, ибо сего требует справедливость. Почитай отца твоего и мать, это первая заповедь с обетованием: да будет тебе благо, и будешь долголетен на земле. И вы, отцы, не раздражайте детей ваших, но воспитывайте их в учении и наставлении Господнем (Еф. 6:1–4).

Глупость привязалась к сердцу юноши, но исправительная розга удалит ее от него (Прит. 22:15).

Эти рекомендации тревожат некоторых людей, в результате чего они приходят к выводу о том, что «розга» на самом деле не орудие наказание, а мерная лента, при помощи которой ребенка измеряли. Следующий отрывок предназначен специально для тех, кого смущает этот момент.

Не оставляй юноши без наказания: если накажешь его розгою, он не умрет; ты накажешь его розгою и спасешь душу его от преисподней (Прит. 23:13,14).

Определенно, если «розга» действительно является измерительной лентой, вы точно знаете, как ее нужно использовать. (Пожалуйста, не пишите мне возмущенных писем по этому поводу. В связи с этим прошу вас внимательно ознакомиться с моей позицией относительно телесных наказаний и жестокого обращения с детьми, которую я выразил в предыдущих главах.)

Кто жалеет розги своей, тот ненавидит сына; а кто любит, тот с детства наказывает его (Прит. 13:25).

Розга и обличение дают мудрость; но отрок, оставленный в небрежении, делает стыд своей матери (Прит. 29:15).

Наказывай сына твоего, и он даст тебе покой, и доставит радость душе твоей (Прит. 29:17).

От Бытия до Откровения перед нами предстает твердое основание, на котором созидается эффективная философия взаимоотношений родителей с детьми. Я совершенно уверен в том, что мы отступили от стандартов, четко представленных как в Ветхом, так и в Новом Заветах, и это отступление обойдется нам очень дорого. Самоконтроль, доброта, уважение и миротворчество снова воцарятся в Америке только в том случае, если мы *отважимся на воспитание* как в своих домах, так и в школах.

Теперь позвольте мне попрощаться с вами чудесным старым стихотворением, написанным Алисой Пиерсон. В нем говорится о самой важной задаче, возложенной на родителей, потому что именно они знакомят детей с Иисусом Христом и ведут детей через этот неспокойный и тревожный мир. В этом и должна, по сути, состоять цель каждого верующего родителя по всему миру.

Все ли дети дома?

*Иногда по ночам
Я вспоминаю старый дом на холме.
Вспоминаю старый двор с цветами,
Где играли дети.
И когда наступала ночь
После шумного дня,
Мама оглядывала нас и спрашивала:
«Все ли дети дома?»*

*О, сколько лет прошло с тех пор,
И старый дом на холме
Больше не слышит топота детских ног,
И двор опустел, и в нем очень тихо.
Но я вижу, как тень
Надвигается на него,
И слышу, как мама спрашивает:
«Все ли дети дома?»*

Интересно, когда тень упадет
На последний короткий день на земле,
Когда мы скажем «прощай» миру вовне,
Все уставшие от детских игр.
Когда мы поставим ноги на другой земле,
Где мама так давно нас всех ждет,
Услышим ли мы, как она спросит:
«Все ли дети дома?»

Джеймс Добсон
НЕ БОЙТЕСЬ БЫТЬ СТРОГИМИ

Ответственный редактор А. И. Шапошников
Переводчик Р. Б. Шемпель
Редакторы: В. С. Волкова, И. А. Дейкун
Корректор Н. А. Акинина
Компьютерная верстка: А. Б. Кодак

Издательская лицензия ЛР 030808 от 25.02.98.
Подписано к печати 23.08.2006. Формат 60 × 88 $^1/_{16}$.
Печать офсетная. Объем 19 печ. л.
Тираж 4000 экз. Заказ 534

МРО ХВЕП «Христианская Миссия»
198188, Санкт-Петербург, ул. Подводника Кузьмина, д. 46

Налоговая льгота — Общероссийский классификатор продукции
ОК 005-93. Код ОКП 953140

Отпечатано с готовых диапозитивов в ГУП «Типография «Наука»
199034, Санкт-Петербург, 9-я линия, 12.

Издательство «Библейский взгляд»

НОВИНКА!

Кеннет Е. Хейгин

Дух Святой на тебе, Дух Святой в тебе

208 стр., 140x205 мм, мягкая обложка

В этой книге Кеннет Е. Хейгин ясно указывает на то, что действие Духа Святого не заканчивается в тот момент, когда человек получает крещение во Христе или, иными словами, новое рождение.

Автор, опираясь на библейское основание, объясняет, что новое рождение и крещение Духом Святым являются двумя отдельными и совершенно особыми составляющими деятельности Духа Святого. Хейгин также разъясняет читателю цель подобной двойной работы. Дух Святой трудится внутри верующего после обретения им нового рождения, развивая и утверждая характер, а также после крещения Дух Святой пребывает и действует на верующем, подготавливая христианина к служению.

...подробнее на www.biblicalview.ru

Издательство «Библейский взгляд»

НОВИНКА!

Кеннет Е. Хейгин

Иисус — открытая дверь

176 стр., 140х205 мм, мягкая обложка

Книга Кеннета Хейгина поможет вам научиться открывать вместе с Господом двери, ведущие к величайшим благословениям и новым возможностям. Прочитайте ее — и вас уже не смутят никакие попытки людей затворить перед вами Небесные двери и не дать вам воспользоваться Его благодатью. Ибо перед вами откроются двери, которые никто не в силах закрыть!

Воззрите же на Иисуса, Начальника и Совершителя веры, Того, Кто является Божьей Дверью, ведущей вас к жизни с избытком! Скорей войдите в эту дверь — и вы найдете бесконечные благословения, спешащие к вам друг за другом. И непременно учитесь жить так, чтобы ни одна из распахнутых Небесных дверей никогда не закрылась!

...подробнее на www.biblicalview.ru

Издательство «Библейский взгляд»

НОВИНКА!

Кеннет Е. Хейгин

Вера, двигающая горы

176 стр., 140x205 мм, мягкая обложка

Одно из наиважнейших библейских откровений, которое поможет христианам ходить в победе, — это то, что у них уже есть вера! У них есть мера веры Божьей, той самой веры, которая сотворила Вселенную.

Книга учит о семи основополагающих принципах веры, которые откроют путь к победе над обстоятельствами и помогут двигать горы на вашем жизненном пути. В этой книге автор учит о том, как вера растет, и показывает разницу между сердечной верой и верой в разуме, о том, как высвободить свою веру, как по вере можно получить ответы на молитвы и как стоять в вере за других людей. Узнайте сегодня, что Слово Божье говорит об этой крайне важной теме. Вы можете питать, тренировать и развивать свою веру. Вы можете жить победоносной жизнью веры, которая двигает горы!

...подробнее на www.biblicalview.ru

Издательство «Библейский взгляд»

НОВИНКА!

Билл Хайбелс

Заразительное христианство

320 стр., 140×205 мм,
мягкая обложка

Настало время излечиться от паралича, охватывающего вас всякий раз при упоминании слова «евангелизация». Эта книга по-новому наполнит ваши сердца надеждой на то, что жизнь ваших близких и друзей может быть иной и что именно вы можете стать тем инструментом, который повлияет на то, где они проведут вечность.

Это не собрание теоретических статей, а план действий, не раз доказавший свою результативность. Эта книга поможет вам эффективно передать свою веру окружающим людям, так как предлагаемые принципы евангелизации основаны на словах Иисуса, а все приведенные примеры — на практическом опыте как самого Билла Хайбелса, так и руководителя евангелизационного отдела церкви Марка Миттельберга.

...подробнее на www.biblicalview.ru

Издательство «Библейский взгляд»

НОВИНКА!

Джон Мэйсон

Невозможное возможно

Как сделать то, что все считают невозможным

240 стр., 140х205 мм, мягкая обложка

Автор многих бестселлеров, Джон Мэйсон в предельно сжатой и лаконичной манере, раскрывает перед нами истины, одна увлекательней другой. Благодаря умению Мэйсона кратко и емко излагать свои принципы, они легко запоминаются и могут быть применимы в самых различных ситуациях жизни. Каждая страница книги поражает обилием практической мудрости и предлагает много дельных советов.

Автор убедительно показывает, что прошлое не может и не должно довлеть над будущим — вас отделяет лишь один шаг веры от плодотворной и насыщенной жизни. Просто доверьтесь Господу, зная, что если Он и потребует от вас невозможного, то всегда даст и силы его совершить.

...подробнее на www.biblicalview.ru

Издательство «Библейский взгляд»

НОВИНКА!

Макс Лукадо

Я не центр Вселенной!

Спасаясь от жизни, не приносящей счастья

176 стр., 140х205 мм, мягкая обложка

Мы думали, что выпячивание и утверждение собственной личности сделают нас счастливыми... Нам сказали, что так надо, так правильно... Какой же хаос творит подобная философия! Не удивительно, что у нас в семье столько крика и шума, а занятия бизнесом полны стрессов. Мы гонялись за несколькими тощими зайцами сразу, но упустили одного, самого жирного, — богоцентричную жизнь.

Жизнь имеет смысл только тогда, когда мы согласны занять в ней отведенное нам место! Когда наши радости, проблемы, дары и таланты поставлены на службу Тому, Кто нас сотворил, мы вдруг обретаем то, чего были лишены, и находим то, что искали.

Макс Лукадо покажет вам, как поменять жизненный фокус, как убежать от жизни, полной эгоизма, и как начать жизнь, полную смысла.

...подробнее на www.biblicalview.ru

ДИСТРИБЬЮТОРСКИЙ ЦЕНТР
ИЗДАТЕЛЬСТВО «БИБЛЕЙСКИЙ ВЗГЛЯД»
основано в 1994 году

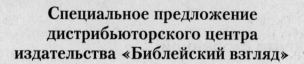

Специальное предложение
дистрибьюторского центра
издательства «Библейский взгляд»

Предложение для частных лиц:
ПОКУПАЙ ПО ЦЕНАМ ИЗДАТЕЛЬСТВА!

У вас появилась замечательная возможность приобрести книги по ценам издательства при минимальной сумме заказа всего 500 руб. Выберете для себя максимально выгодный вариант.

Предоплата на сумму:

- от 500 до 999 руб. — скидка 0%, доставка за счет покупателя;
- от 1000 до 1999 руб. — скидка 0% + бесплатная доставка;
- от 2000 руб. и выше — 10% скидка + бесплатная доставка.

Бесплатная доставка осуществляется во все города РФ, возможна 50% оплата доставки в страны Ближнего Зарубежья (Беларусь, Украина, Узбекистан, Армения, Таджикистан, Эстония).

Всегда свежий прайс на сайте: **www.biblicalview.ru**

Пишите: **distrib@biblicalview.ru**

Россия, 191025, г. Санкт-Петербург, а/я 94

Звоните: (901) **320-0191**, (812) **320-0191**

ДИСТРИБЬЮТОРСКИЙ ЦЕНТР
ИЗДАТЕЛЬСТВО «БИБЛЕЙСКИЙ ВЗГЛЯД»
основано в 1994 году

**Мы объединяем только лучшие книги
более 15 ведущих христианских издательств!**

ОРГАНИЗУЙ КНИЖНЫЙ СТОЛ В СВОЕЙ ЦЕРКВИ!

Вы давно мечтали о книжном столе в вашей церкви, но не знали с чего начать? Тогда мы поможем вам в этом!

- Ваш минимальный заказ всего на сумму 2500 рублей.
- Мы предоставляем 25% скидку и отсрочку платежа в 60 календарных дней.
- С вашей стороны надо предоставить лишь поручительство от вашего пастора и выслать его нам.
- После этого делайте ваш заказ!

Помните! Самые лучшие книги вы заказываете только в ОДНОМ МЕСТЕ!

Всегда свежий прайс на сайте: **www.biblicalview.ru**

Пишите: **distrib@biblicalview.ru**

Россия, 191025, г. Санкт-Петербург, а/я 94

Звоните: (901) **320-0191**, (812) **320-0191**

Издательство «Библейский взгляд»

НАШИ КНИГИ МОЖНО ПРИОБРЕСТИ:

САНКТ-ПЕТЕРБУРГ, «Библейский взгляд»
Для писем: 197348, Санкт-Петербург,
Коломяжский проспект д. 22, «Христианская миссия»
Тел./факс +7 (812) 320-0191, E-mail: distrib@biblicalview.ru
Заключаем договоры на оптовые поставки книг.

МОСКВА
Библейский центр «Слово Жизни»
104000, Москва, Варшавское шоссе, 37
Международный почтамт, а/я 8
Тел./факс +7 (495) 797-8726; 223-3035
E-mail: publishing@wolmos.ru

Магазин «Сирин»
109280, Москва, ул. Автозаводская,
д. 19, к. 1
м. "Автозаводская".
Тел./факс +7 (495) 677-2228
E-mail: sirinbook@mail.ru

Издательство «Протестант»
123290, Москва, Мукомольный проезд,
д. 1, к. 2
Тел. +7 (495) 259-7128;
факс +7 (495) 259-6769
E-mail: protestant@list.ru

Книжный магазин «Филадельфия»
109316, Москва, Волгоградский пр., д.17,
стр. 1, 2 этаж
Тел./факс: +7 (495) 676-4983
E-mail: clcmoscow@yahoo.com

САНКТ-ПЕТЕРБУРГ
Магазин «Слово»
191186, Санкт-Петербург,
ул. М. Конюшенная, 9
Тел./факс +7 (812) 311-2075; 312-5200
E-mail: slovo@peterlink.ru

КЕМЕРОВО
**Оптовый склад
христианской книги «Ковчег»**
650002, г. Кемерово-02, а/я 763,
Иванову И.Л.
Тел. +7 (3842) 647-234, + 7 904-994-2503
E-mail: ivanov_igor@mail.ru

ХАБАРОВСК
«Книги оптом»
680013, г. Хабаровск, а/я 40/37
Тел. +7 (924) 207-3700
E-mail: olegzuev@mail.ru

БЕЛАРУСЬ
«Скиния»
220082, Минск 82, а/я 243.
Тел./факс +7 (17) 255-3025
E-mail: family-god@mail.ru

УКРАИНА
**Христианское издательство
«Светлая звезда»**
Украина, 02002, Киев 2, а/я 87.
Тел. +7 (044) 550-2514
E-mail: sales@brightstar.com.ua

УКРАИНА
**Дистрибьюторский центр
«BOOKS LINE»**
Украина, Киев. Тел. +7 (044) 592-1256,
+7 (067) 390-1479
E-mail: booksline@cdmaua.com